图说老昌城

图说武昌城

TUSHUO WUCHANG CHENG

武汉市武昌区档案馆
（武昌区史志研究中心）编

长江出版传媒　湖北美术出版社

主　编

张志宏　　王汗吾

编　委

昌庆旭　　杜宏英　　孙庆力

王　纲　　何正超　　段凌翔

序 言

苍茫东亚华夏腹地，滔滔长江万年流淌。汉江千里奔来交汇，江汉合力朝宗于海。

广袤江汉平原东端，沃野湿地间以丘陵；龟蛇两山雄峙锁江，造就武汉雄伟气势。

从三苗历荆楚，穿秦汉到三国，东吴雄主孙权令踞守蛇山而筑城堡，开启武昌1800年城史纪元。

三国归晋，西晋南渡，南朝宋齐梁陈，蛇山之巅，郢城屹立百年。

隋唐一统，宰相牛僧孺砖筑鄂州城，囊括蛇山南北，北临沙湖，南抵紫阳湖，规模空前，呼应唐宋数百年盛大繁华气象。

天下官宦商贾、文人名士往来如梭，游必于是，宴必于是——游黄鹤楼以揽胜，宴黄鹤楼以送迎。崔颢一唱鹤楼，艳绝文坛；李白留诗数十，传颂千年；宋之问、孟浩然、王昌龄、王维、崔颢、刘禹锡、白居易、贾岛、杜牧、孟郊……诗赋唱和，各骋风流，至今余音袅袅。

南北两宋，苏轼、黄庭坚、陆游、范成大、岳飞、辛弃疾、文天祥……诗词吟诵，无不慷慨抒臆，壮怀激烈。

元明清三代，湖广行省范围不一，总督、巡抚常驻武昌，督署、抚署、藩署、臬署、府衙、县衙、文庙、贡院、府学、书院……星罗棋布，鳞次栉比。

鸦片战争硝烟过后，西风东渐，工业、农务、外语、师范、军事、艺术，中外新学，数至上百；大学、中学、小学，层级完整；公共图书馆、科学实验馆，不一而足，蔚为科教高地。

湖广总督张之洞由粤至鄂，厉行洋务新政，修筑京汉铁路，开办汉阳铁厂、汉阳兵工厂、湖北纺纱官局、湖北织布官局、湖北缫丝官局、湖北制麻官局等；操练新式陆军，练成一镇（师）一协（旅）湖北新军。利权挽回，民间景从，第一纱厂、裕华纱厂、震寰纱厂……纺织化工，蔚然成风。

近代产业复加近代科学观照，专制桎梏之下人心思变。兴中会、光复会、华兴会、同盟会，风起云涌；日知会、共进会、振武学社、文学社，暗流涌动。1911 年 10 月 10 日，武昌城内首义枪响，三镇光复；神州各省纷起响应，清廷既倒。《鄂州约法》，共和基石。

董必武、陈潭秋在武昌成立共产党支部，叶挺独立团北伐武昌城下建立奇功，毛泽东开办农民运动讲习所播撒革命火种，1927 年的武汉被称为大革命的"赤都"，中国共产党第五次全国代表大会在武汉召开。

日寇全面侵华，国共合作。国民政府多部门进驻武昌，组织规模空前的大会战；共产党派驻八路军办事处，联络华北抗战事宜；组建新四军军部，挺进华东敌后沦陷区；郭沫若任职国民政府军事委员会政治部第三厅，团结全国文学家、艺术家，把抗日宣传组织得热火朝天、轰轰烈烈，宣示国人抗战到底的坚定信念。

斗转星移，随着人民解放军渡江战役胜利，武昌解放，新中国成立，武昌古城焕发新姿。进入中国特色社会主义新时代，武昌建设武昌古城区、滨江商务区、华中金融城、杨园新城和白沙新城，形成集高科技产业、居住、交通、教育、医疗等功能完备的现代化中心城区。

目录
CONTENTS

第一章

山川大势　气吞云梦

长江中游江汉平原，远古为云梦泽区域，水天一色。1800 年前，武昌古城横空出世，兀立于江汉交汇的长江南岸，蛇山之巅。汉唐千年，与汉阳古城号称"江上双城"；明末清初，与汉阳、汉口鼎足而立。

《黄鹄山志·头陀寺碑文》言其山川形势："南则大川浩瀚，云霞之所沃荡；北则层峰削成，日月之所回薄。西眺城邑，百雉纡余；东望平皋，千里超忽。信楚都之胜地也。"

《江汉揽胜图》描绘了明清时期武汉三镇的自然山水与人文景致。江汉交汇处三镇鼎立，左上部为武昌古城，中右部为汉阳古城，下部边沿为汉口镇。山川形势气度非凡，摄人心魄。

逶迤的城垣守护着古城的繁华。始建于元代的胜像宝塔下面，观音阁临水而筑。城西沿江的汉阳门、平湖门、文昌门与城南的望山门、保安门、中和门历历在目，黄鹤楼与晴川阁隔江辉映。大江东去，百舸争流。

◀ 图 1-1 《江汉揽胜图》
明代仇英款
绢本
武汉博物馆藏（供图）

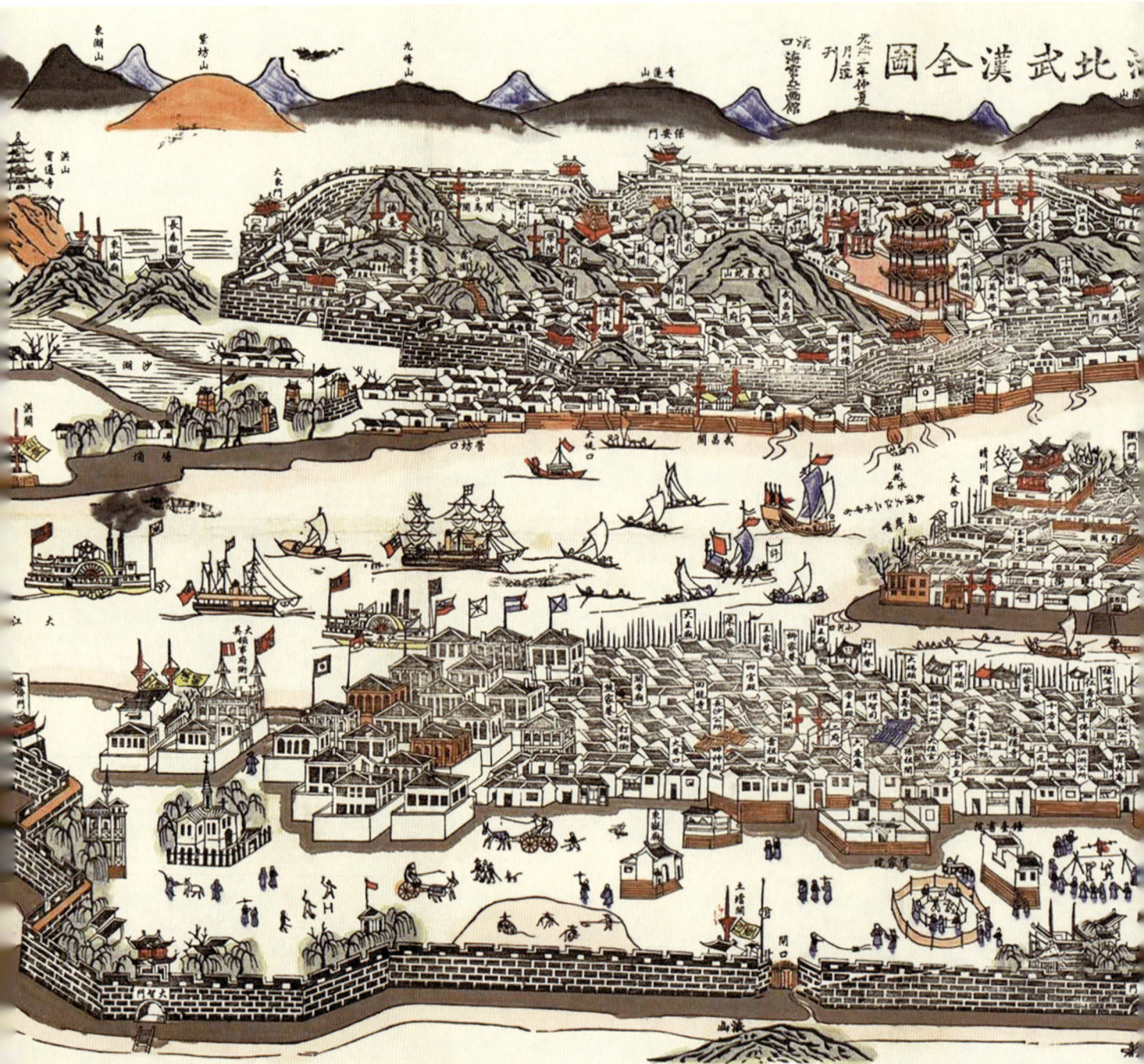

武昌古城环蛇山而筑，周围属于湖泊与丘陵相间的地貌。

《湖北武汉全图》图片上部为武昌古城（有蛇山和黄鹤楼），中右部是汉阳古城（有龟山和晴川阁），下部是汉口镇（有汉镇城垣和玉带河）。

1861 年汉口开埠，西风东渐，长江上已出现了火轮，俗称洋船。汉口江边出现了洋房，图中左下已特别标注出"大英领事府衙门"。

◀ 图 1-2 《湖北武汉全图》

1876 年

汉口海云斋画馆绘制

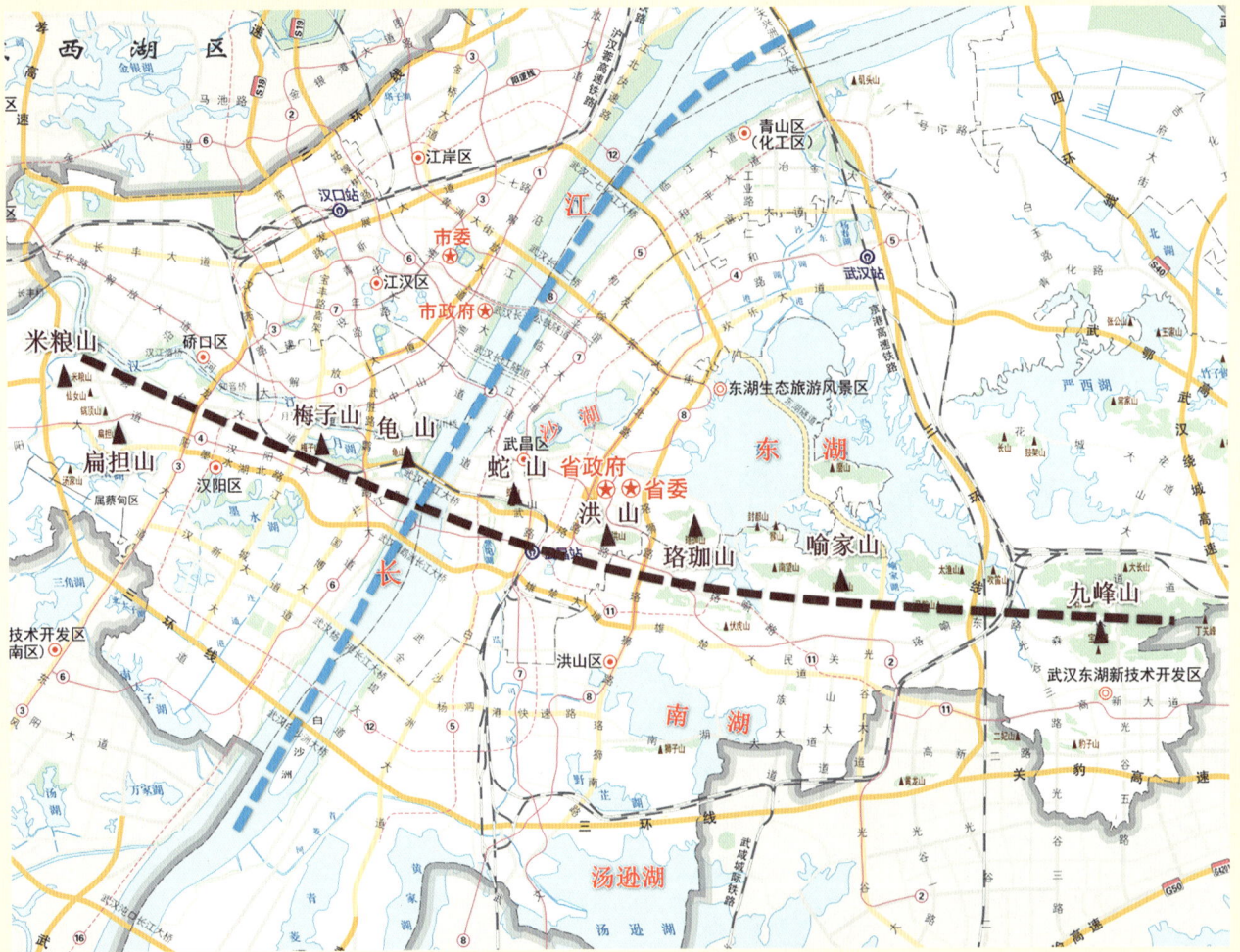

▲ 图 1-3 武汉主城区山水格局示意图（武汉市自然资源和规划局监制，2021 年）

　　武昌古城诞生于蛇山之上，成长于蛇山南北山地。蛇山是横贯武汉的中轴山系的中心，这个中轴山系西起蔡甸的九真山，经汉阳汤家山、米粮山、扁担山、龟山至武昌蛇山、洪山、珞珈山、桂子山、伏虎山，再至南望山、磨山、喻家山、马鞍山直至石门峰、九峰山，蜿蜒起伏，延绵百里。

　　该山系在武汉城市的孕育兴起、文明的发展演进历程中，始终发挥着支撑作用。山系共分布着山峰48座，蛇山就是其中最璀璨的明珠。这48座山峰目前已被列入武汉市山体保护名录。

　　武昌古城之外，江、湖、洲、矶环绕。有东湖、南湖、沙湖、巡司河、新河，以及鹦鹉洲、白沙洲等，云蒸霞蔚，气象万千。

　　武昌古城襟江带湖，自古为水陆交通中心，号称"九省通衢"，也是战略要地。明末著名舆地学家顾祖禹《湖广方舆纪要序》云："夫武昌者，东南得之而存，失之而亡者也。……孙权知东南形胜必在上流也，于是城夏口，都武昌。"

　　自三国时期黄武二年（223年）孙权在蛇山建夏口城，随时代更迭，南北朝为郢城，唐朝设鄂州城。明清城区最大时，西临长江岸边，东至蛇山东麓，南抵萧山矶，北瞰沙湖。

　　明清武昌古城内，俗称"三台八井九湖十三山"。"三台"指楚望台、梳妆台、望儿台。"八井"指清风井、明月井、九龙井、八卦井、义井、双眼井、白鹤井、霸王井。蛇山之南有菱湖（宁湖、明月湖）、都司湖、西湖、歌笛湖、教唱湖（校场湖）、霸湾湖、紫阳湖（墩子湖）、长湖等八湖，蛇山之北则有司湖。"十三山"中黄鹄山、蔡东山、殷家山、高观山、棋盘山，此五山由西至东总称蛇山；炮架山、崇福山、凤凰山、胭脂山、一字山位于蛇山之北，蛇山之南则有朱石山、梅亭山、萧山。

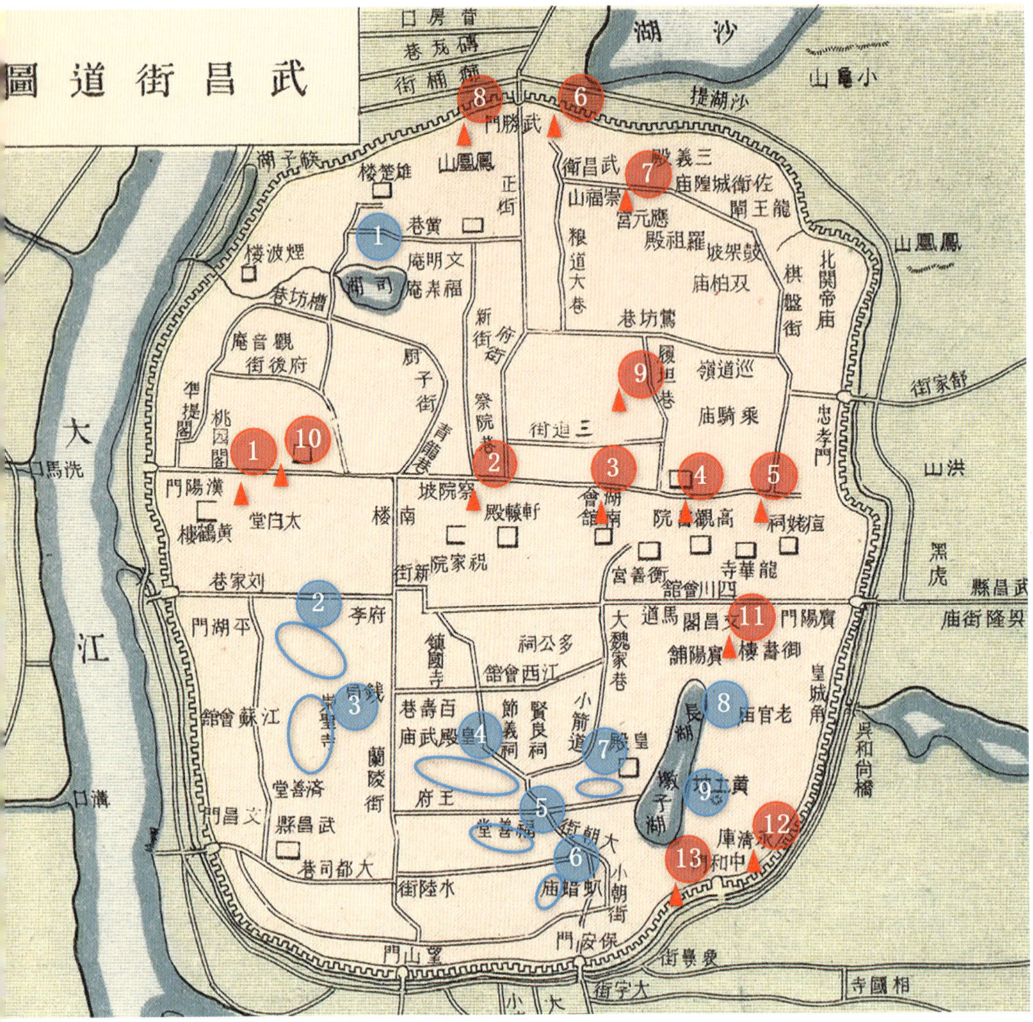

▲ 图 1-4 武昌古城山水示意图（以 1917 年《武昌街道图》为底图）以下底图均来自中国地图出版社 1998 年出版的《武汉历史地图集》

● 九湖：1. 司湖；2. 菱湖；3. 都司湖；4. 西湖；5. 歌笛湖；6. 校场湖；7. 霸湾湖；8. 长湖；9. 墩子湖

● 十三山：1. 黄鹄山；2. 大观山（蔡东山）；3. 殷家山；4. 高观山；5. 棋盘山；6. 炮架山；7. 崇福山；8. 凤凰山；9. 胭脂山；10. 一字山；11. 朱石山；12. 梅亭山；13. 萧山

▲ 图 1-5 晚清时一个外国人从汉阳晴川阁隔江眺望武昌城（19 世纪 90 年代摄）

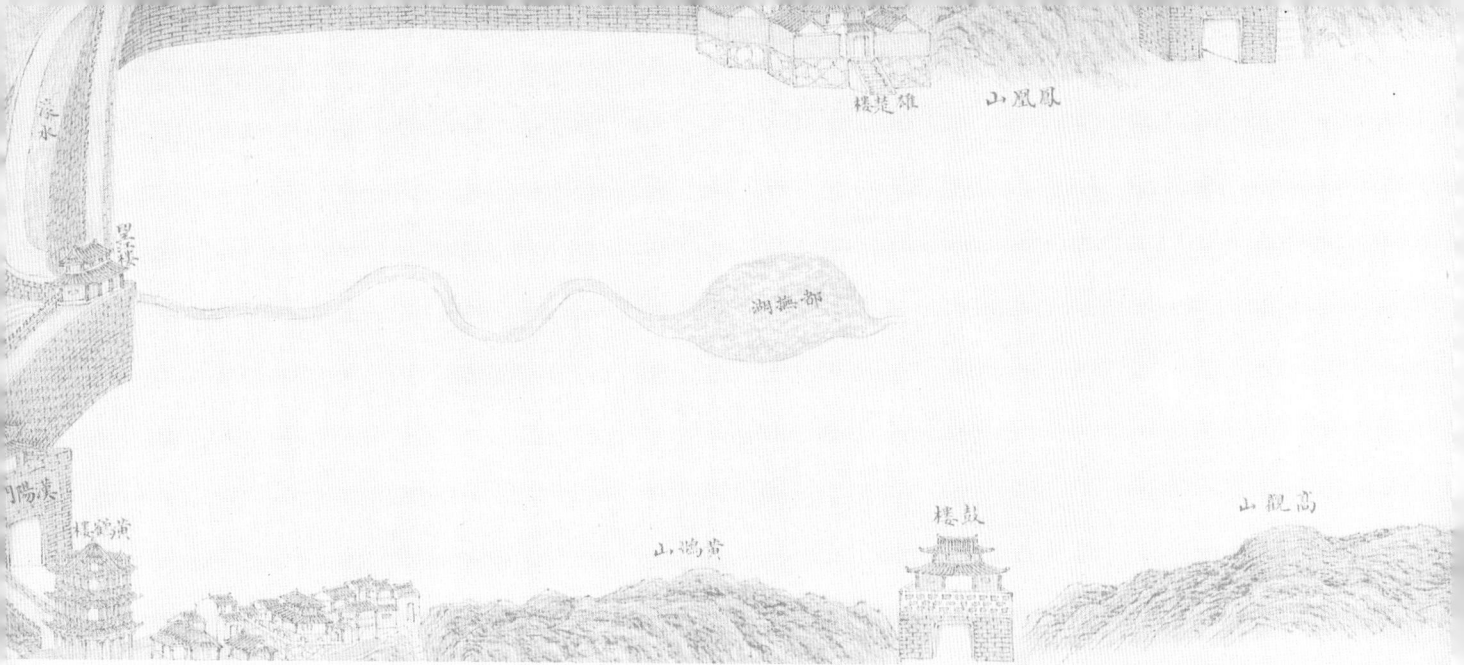

第二章

龙蟠蛇伏　古城之根

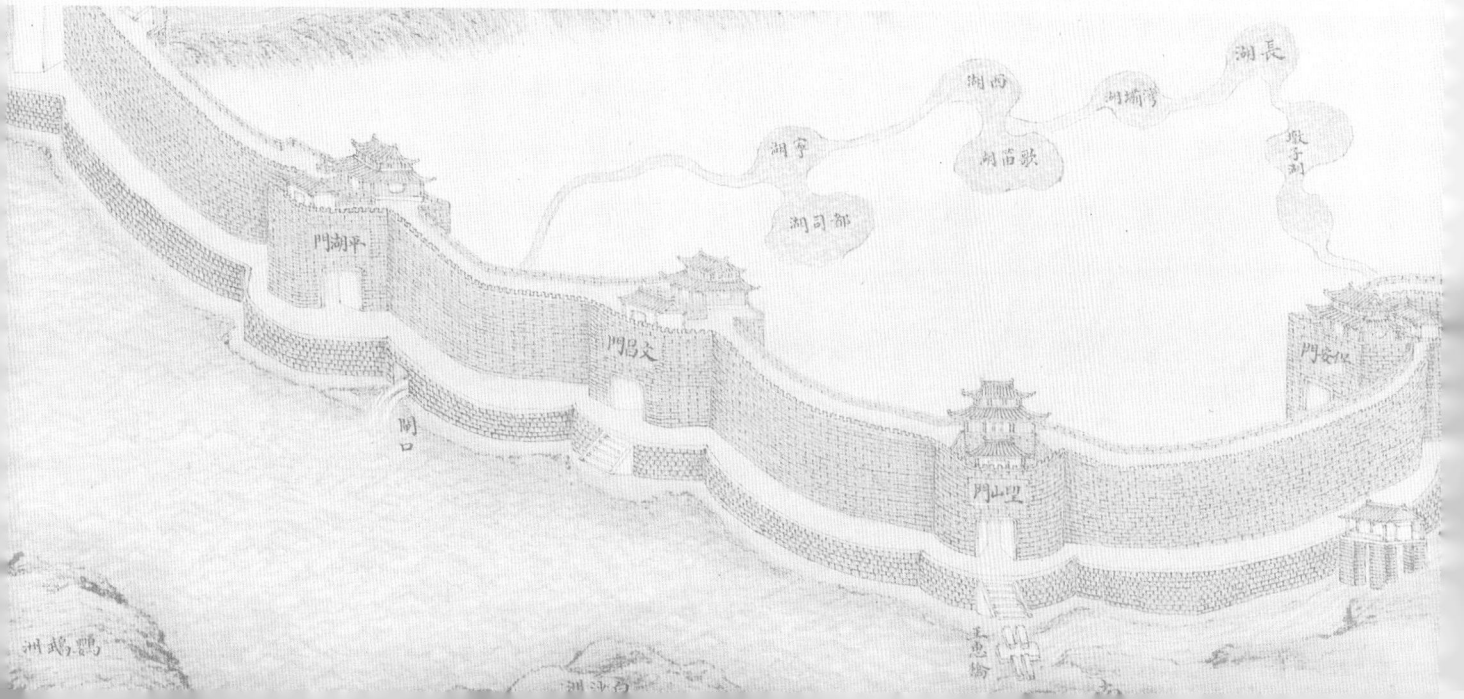

蛇山是武昌古城之根。三国时期，蛇山称江夏山，又名紫竹岭。北魏称黄鹤山，宋朝称石城山，元朝称长寿山，明朝被誉为金华山和灵山。其间，蛇山山名源于南宋诗人陆游《入蜀记》中"缭绕为伏蛇"，故后世多称蛇山。

▼ 图 2-1 夏口城、郢州城、鄂州城、
明清武昌古城城垣范围示意图

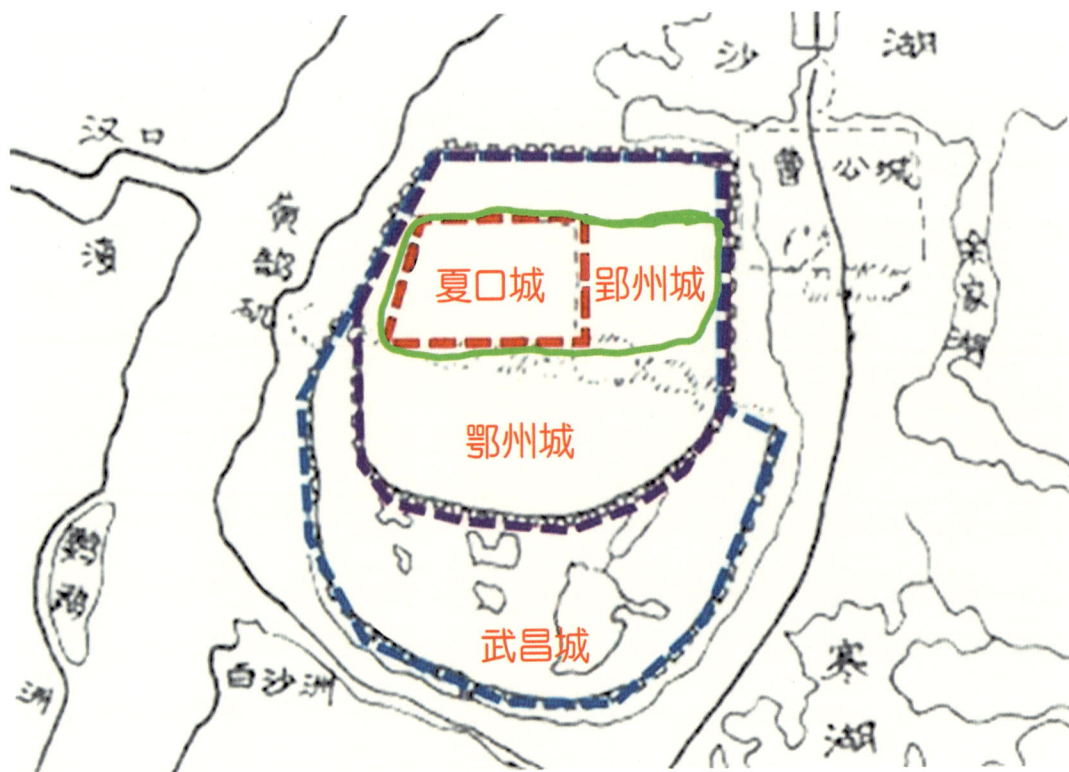

▲ 图 2-2 古郹州城垣

▲ 图 2-3 郹州城垣遗址

一、三国夏口城

吴黄武二年（223年），孙权在蛇山东北部夯土筑城，建夏口城，方圆二三里。它是一座军事堡垒，在黄鹄矶上建有塔楼，是魏、蜀、吴三国争战之战略要地。郦道元在《水经注》中记载，夏口城"依山傍江，开势明远，凭墉藉阻，高观枕流"。

二、南朝郹州城

刘宋孝建元年（454年）之后，将夏口城作为内城，外面扩建外城，周长六千米。城有二门，东为郹州门，西为碧澜门。1983年，武汉市人民政府将蛇山山脊发掘的古郹州城垣公布为文物保护单位。

三、隋唐鄂州城

隋文帝开皇九年（589 年）废江夏郡置鄂州。唐宝历元年（825年），唐敬宗命宰相牛僧孺出任鄂州刺史、武昌节度使。其间牛僧孺奏请废沔州，并汉阳、汉川于鄂州，并分期将原来的土城改建为砖城。城门有三，东曰清远，南曰望泽，西曰平湖。使之北临沙湖，南抵紫阳湖，规模空前宏大，为唐宋时期鄂州商业的繁荣和文化的发展奠定了基础。

四、明清武昌城

明洪武四年（1371 年），江夏侯周德兴增拓武昌府城，城垣周长达十余千米，城高约 12 米，底厚约 22 米，顶厚约 18 米。除西面临江外，东南北三面挖深濠为堑。辟有九个城门，按顺时针方向，计有小东门、大东门、新南门、保安门、望泽门、竹簰门、平湖门、汉阳门、草埠门。

明嘉靖十四年（1535 年），湖广巡抚、都御史顾璘奏请朝廷定九门名匾，嘉靖准奏。顾璘文思精博，大东门改为"宾阳门"，新南门改"中和门"，望泽门改"望山门"，竹簰门改"文昌门"，草埠门改"武胜门"，小东门改"忠孝门"。清代，沿用明代九个城门的名称。

清光绪三十一年（1905 年），卢汉铁路建成，为方便旅客，湖广总督张之洞在宾阳门与中和门之间，另辟一门名"通湘门"，从此武昌古城共有十座城门。

自明初增拓武昌城，至 1927 年拆除武昌城墙，历时 556 年。

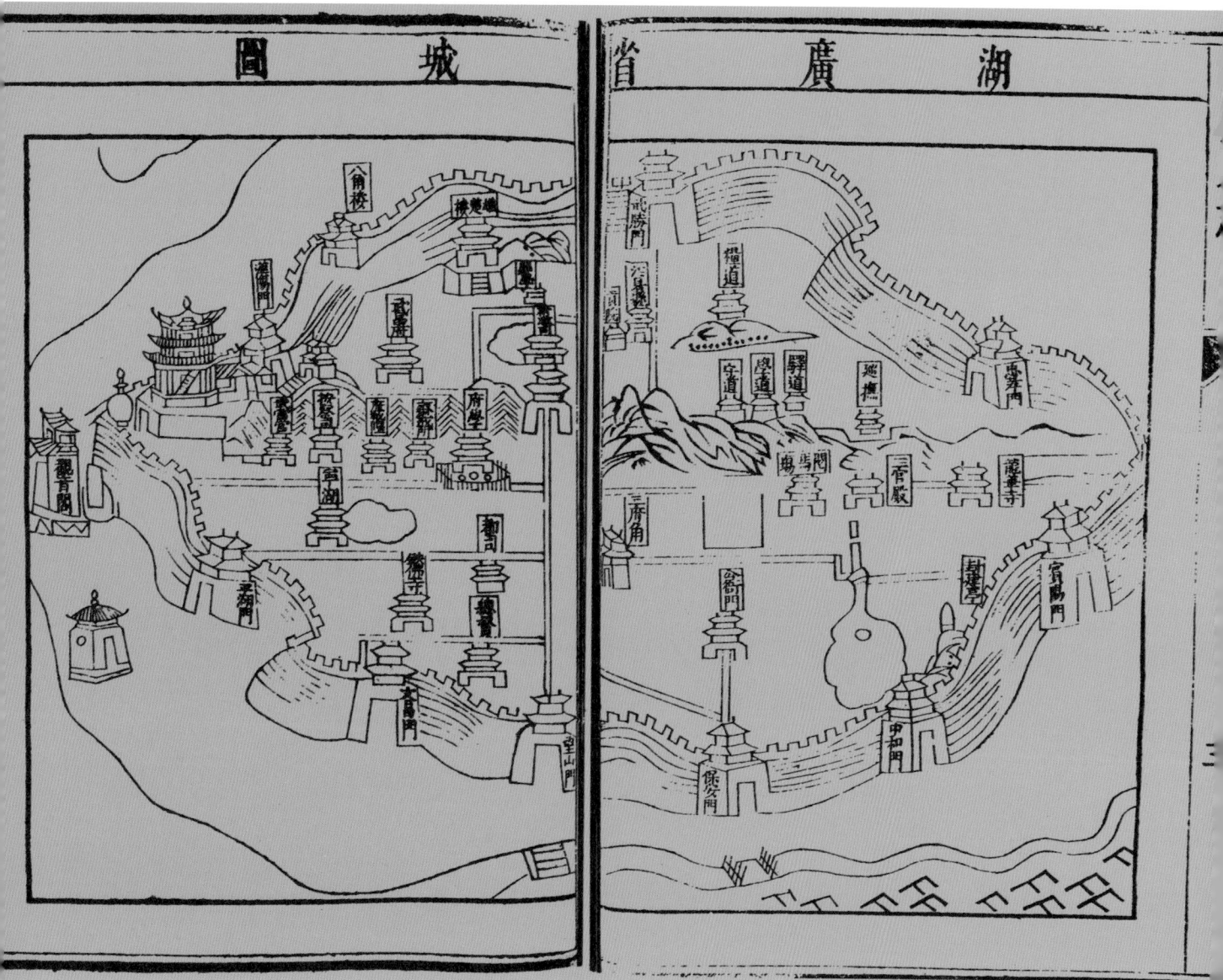

▲ 图 2-4 清康熙二十三年（1684 年）《湖广通志》湖广省城图

图 2-5 清雍正时期《武昌城垣图》

武勝門 閘口

紫金山

崇府山

忠孝門

臙脂山

洪山

高觀山

賓陽門

長湖

墩子湖

楚王臺

六角亭

中和門

保安門

領公橋

金沙洲

五、武昌古城十城门

1.汉阳门：武昌古城西北的临江城门，隔江与汉阳相对，故名。有主要的渡江码头，是居民到江边挑水的重要出入口，也是城里、城外人们进出最多的城门。据考，历史上汉阳门又称为"武昌门"。

▼ 图 2-6 正在拆除的汉阳门（1927 年摄）

图 2-7 汉阳门江边水门处的挑水工（20 世纪 20 年代摄）

▶ 图 2-8 美国摄影师斯塔福坐在汉阳门边城墙上拍摄（1911 年摄）

▲ 图 2-9 从汉阳门垛口
看对岸汉阳龟山和晴川阁
（1915 年摄）

▼ 图 2-10 汉阳门外瓮城
以及城内房屋图（20 世纪
头十年末摄）

2.武胜门：又名草埠门，武昌古城北边城门。城外东边为沙湖，晚清计划修建的粤汉铁路沿湖畔经过。武胜门外往西是大堤口渡江码头，沿江多船户和茶馆。

▲ 图 2-11 武胜门（20 世纪头十年初期摄 ）

▼ 图 2-12 拆除中的武胜门
（20 世纪 20 年代摄，来自瑞典宣教圣约教堂档案库）

▲ 图2-13 20世纪20年代末的忠孝门

3.忠孝门：武昌古城东北城门，又名小东门，城门较小。明嘉靖十四年（1535年），都御史顾璘改小东门为忠孝门，源于两个典故：一是南宋时孟珙在今蛇山五坡一带修建"孟宗祠"祭祀先祖孟宗，二是岳飞沉冤昭雪后宋孝宗在武昌建"忠烈庙"。晚清时城外越过铁路，地名沙子岭，乃荒凉空旷之地。

▼ 图2-14 忠孝门、紫金山以及后面的沙湖（1904年摄）

4. 宾阳门: 武昌古城正东城门。明嘉靖十四年（1535 年）都御史顾璘在维修武昌城时，将大东门更名为宾阳门。古来战争及晚清太平天国洪杨之战、民国北伐围城，均以此门为作战枢纽。出大东门往东有长春观、博文书院、东岳庙等。

▼ 图 2-15 武昌城宾阳门
（1905 年斯普鲁伊特摄）

◀ 图 2-16 宾阳门瓮城内，透过门洞可见城外长春观（1905年斯普鲁伊特摄）

▶ 图 2-17 从城内蛇山山脊上远看宾阳门、蛇山角台以及宾阳门外大街和洪山

5. 通湘门：武昌古城东南角，晚清时为通武昌火车站而新辟的城门，因铁路未通而城门常关。门外迤东有相国寺、莲溪寺等。

▲ 图 2-18 20 世纪 20 年代末的武昌城通湘门

6. 中和门：武昌古城南三门之东边者。靠近城门内明代筑有楚望台，晚清为军械库。城外有深濠，吊桥可通。另有街市，与保安门外之十字街相接，为至南湖练兵场之要道。辛亥首义时南湖炮队由此门进城，后改称起义门。

▲ 图 2-19 20 世纪 20 年代的武昌城中和门

▲ 图 2-20 20 世纪 30 年代的武昌城起义门（中和门）

7. 保安门：武昌古城正南门。城外街道较为繁庶。晚清修有武泰闸。

▲ 图 2-21 20 世纪 20 年代末的武昌城保安门

▲ 图 2-22 保安门洞的地面，被挑水工打湿

▲ 图 2-23 武昌保安门附近巡司河上的武泰闸

8. 望山门：武昌古城南三门之西边者，为大小帆船避风之所，有众多鱼行、炭行、木行、粮行等。明嘉靖十四年（1535年）都御史顾璘在维修武昌城时，将望泽门更名为望山门。站在此门楼上可望八分山，故名。

行将拆除之武昌望山门

▲ 图 2-24 望山门

▼ 图 2-25 拆除中的武昌城望山门（来自瑞典宣教圣约教堂档案库摄于20世纪30年代的照片）

9.文昌门：武昌古城西南门，亦为竹木集散地。门内有文昌阁、总督署等。

行将拆除之武昌文昌门

▲ 图 2-26 20 世纪 20 年代末的武昌城文昌门

▲ 图 2-27 文昌门

◀ 图 2-28
北伐围攻武
昌之战后，
文昌门外被
毁的房屋

图 2-29 20 世纪 20 年代末的武昌城平湖门

10. 平湖门：武昌古城西门，为武昌与汉阳间渡船往返最频繁的码头，供应市民日用必需之煤炭行、粮食行亦最多。平湖门内有武当宫、臬署、武昌府文庙。

图 2-30 平湖门附近城墙边街道（20 世纪头十年初期斯普鲁伊特摄）

▲ 图2-31 今云架桥处的东城墙上，向正西看花园山余脉高地上的文华书院建筑群，左边的蛇山、右边的螃蟹岬也被收入了镜头（1899年摄）

▶ 图 2-32 西北城墙外的筷子湖，以及右边远处的雄楚楼

▲ 图 2-33 从蛇山看城北螃蟹岬上的城墙，以及远处的长江（20 世纪头十年末期摄）

第三章

海内名楼　鹤鸣千年

一、驾鹤飞天，鹤楼缘起

三国时期的吴黄武二年（223年），孙权令在蛇山西端筑夏口城，并在濒临长江的黄鹄矶上建筑了一座军事瞭望楼。其后二三百年，这座瞭望楼被附会上修道升仙的传说（一说三国时期费祎，一说仙人子安），声名远播。

最早的记载是离孙权筑城约200年的南朝盛弘之的《荆州记》："江夏郡西大江有黄鹄矶，后人建楼，既俯矶上，故不更别名耳。"

其次是《荆州记》之后70多年的《南齐书》："夏口城据黄鹄矶，世传仙人子安乘黄鹄过此上也。边江峻险，楼橹高危，瞰临沔、汉，应接司部。"

▲ 图 3-1 新建黄鹤楼内《孙权筑城》壁画（孙景波作，黄鹤楼公园管理处供图）

▶ 图 3-2 新建黄鹤
楼内《白云黄鹤》驾
鹤升仙壁画（周令钊
作，黄鹤楼公园管理
处供图）

二、唐宋名楼，闻名遐迩

盛唐时期，武昌城繁荣兴旺，天下官宦商贾、文人名士往来如梭，黄鹤楼是登临揽胜、迎来送往的绝佳胜地，诚如唐代阎伯理《黄鹤楼记》所记："游必于是，宴必于是。"

唐代著名诗人宋之问、孟浩然、王昌龄、王维、崔颢、刘禹锡、白居易、贾岛、杜牧、孟郊等均在黄鹤楼放声吟咏，李白更有多首黄鹤楼诗传世。崔颢的黄鹤楼诗是其中最早的惊世之作。

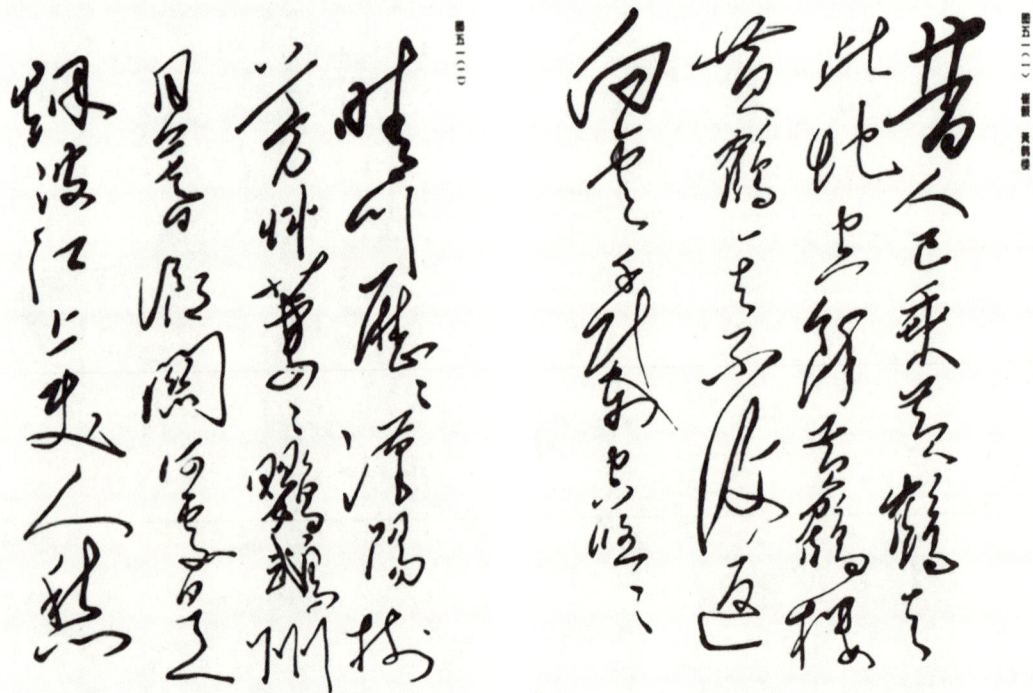

▲ 图 3-3 毛泽东手书崔颢《黄鹤楼》诗

宋代，苏轼、黄庭坚、陆游、范成大、岳飞、辛弃疾、文天祥等都曾写下关于黄鹤楼的名作。

满江红·登黄鹤楼有感 / 岳飞

遥望中原，荒烟外、许多城郭。想当年，花遮柳护，凤楼龙阁。万岁山前珠翠绕，蓬壶殿里笙歌作。到而今、铁骑满郊畿，风尘恶。

兵安在？膏锋锷。民安在？填沟壑。叹江山如故，千村寥落。何日请缨提锐旅，一鞭直渡清河洛。却归来、再续汉阳游，骑黄鹤。

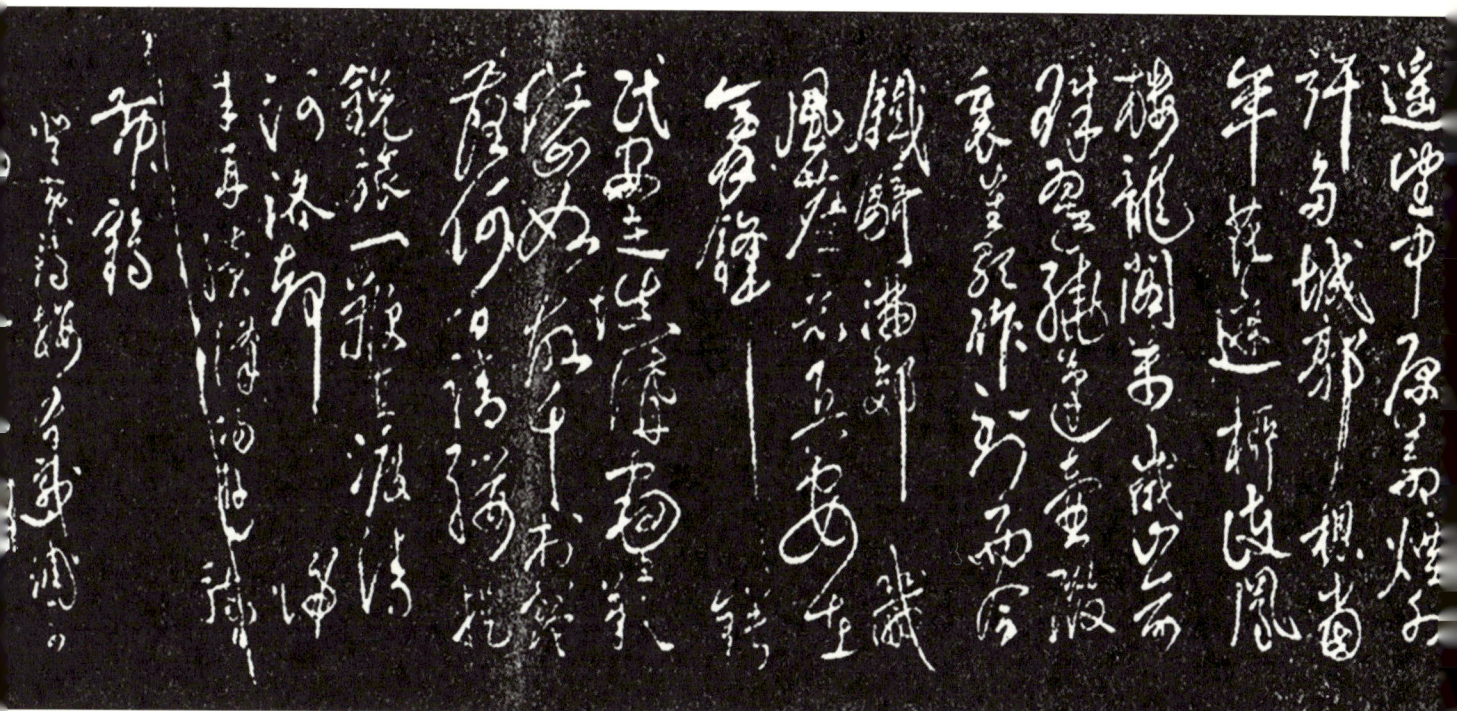

▲ 图 3-4 岳飞《满江红·登黄鹤楼有感》手迹（拓片）

▲ 图 3-5 新建黄鹤楼内的《人文荟萃·风流千古》壁画（华其敏作，黄鹤楼公园管理处供图）

唐宋诗人关于黄鹤楼的诗词

杜牧

黄鹤楼前春水阔，
一杯还忆故人无。

白居易

江边黄鹤古时楼，劳置华筵待我游。
楚思森茫云水冷，商声清脆管弦秋。

刘禹锡

梦觉疑连榻，舟行忽千里。
不见黄鹤楼，寒沙雪相似。

王维

城下沧江水，江边黄鹤楼。
朱阑将粉堞，江水映悠悠。

崔颢

昔人已乘黄鹤去，此地空余黄鹤楼。
黄鹤一去不复返，白云千载空悠悠。

李白

故人西辞黄鹤楼，烟花三月下扬州。
孤帆远影碧空尽，唯见长江天际流。

孟浩然

昔登江上黄鹤楼，遥爱江边鹦鹉洲。
洲势逶迤绕碧流，鸳鸯鸂鶒满沙头。

宋之问

清江浮暖日，黄鹤弄晴烟。

贾岛

高槛危檐势若飞，孤云野水共依依。
青山万古长如旧，黄鹤何年去不归。

顾况

黄鹤徘徊故人别，离壶酒尽清丝绝。
绿屿没馀烟，白沙连晓月。

陆游

苍龙阙角归何晚，黄鹤楼中醉不知。
江汉交流波渺渺，晋唐遗迹草离离。

范成大

谁将玉笛弄中秋？黄鹤飞来识旧游。
汉树有情横北渚，蜀江无语抱南楼。

岳飞

何日请缨提锐旅，一鞭直渡清河洛。
却归来、再续汉阳游，骑黄鹤。

▲ 图 3-6 宋代界画中的黄鹤楼（向欣然手绘，黄鹤楼公园管理处供图）

▲ 图 3-7 清同治年间刊行的《黄鹄山志》中绘制的黄鹤楼、威顺太子墓（胜像宝塔）、官胡二公祠等

三、千年名楼，屡毁屡建

元代，在黄鹤楼前建有威顺太子墓（白塔），后世称圣像宝塔（胜像宝塔）。

▼ 图 3-8 元代夏永《黄鹤楼图》

"有明一代，黄鹤楼频繁获修，先后经历了洪武重建、永乐捐修、成化修缮、弘治大修、隆庆重建和万历再建，最后再次毁于易代之火。"（冯天瑜主编，《黄鹤楼志》2019 年版，武汉大学出版社，第 26 页）

▶ 图 3-9 明代宫廷画家安正文绘《黄鹤楼图轴》中的黄鹤楼

　　清代，黄鹤楼经历了三次大火焚毁，其间重建和大修了八次。最后留给人们印象的是同治八年（1869 年）落成的黄鹤楼。该楼于光绪十年（1884 年）被焚毁。

▲ 图 3-10 清《三镇全景图》中的黄鹤楼

▲ 图 3-11 1864 年建成的同治黄鹤楼（1878 年之前摄）

▲ 图 3-12 1874 年俄国商贸和科学考察团途经武昌时拍摄的黄鹤楼。黄鹤楼屹立江边，俯瞰长江

◀ 图 3-13 汉口宝记照相馆 1880 年前后拍摄的黄鹤楼。高大的黄鹤楼与江对岸龟山下的晴川阁遥相呼应

▶ 图 3-14 上海《点石斋画报》上刊印的《古迹云亡》图（吴嘉猷作），纪录了清光绪十年（1884 年）黄鹤楼被焚毁的情景

▶ 图 3-15 同治黄鹤楼被毁后遗留的铜顶（1935 年摄）

四、黄鹤楼建筑群

1. 黄鹤楼作为武昌历史文化的地标，在其所处的蛇山周边，围聚着众多历史文化名胜，如元代的胜像宝塔、观音阁、官胡二公祠、涌月台、抱膝亭、南楼等等。在同治黄鹤楼被毁后的一段时间里，这里继续以"黄鹤楼"称之。

▼ 图 3-16 黄鹤楼建筑群位置图（以 1922 年《武汉三镇街市图》为底图）
1. 黄鹤楼遗址上新建的警钟楼；2. 元代胜像宝塔；3. 观音阁；4. 官胡二公祠和御碑亭（后改为奥略楼）；5. 涌月台；6. 抱膝亭；7. 南楼。

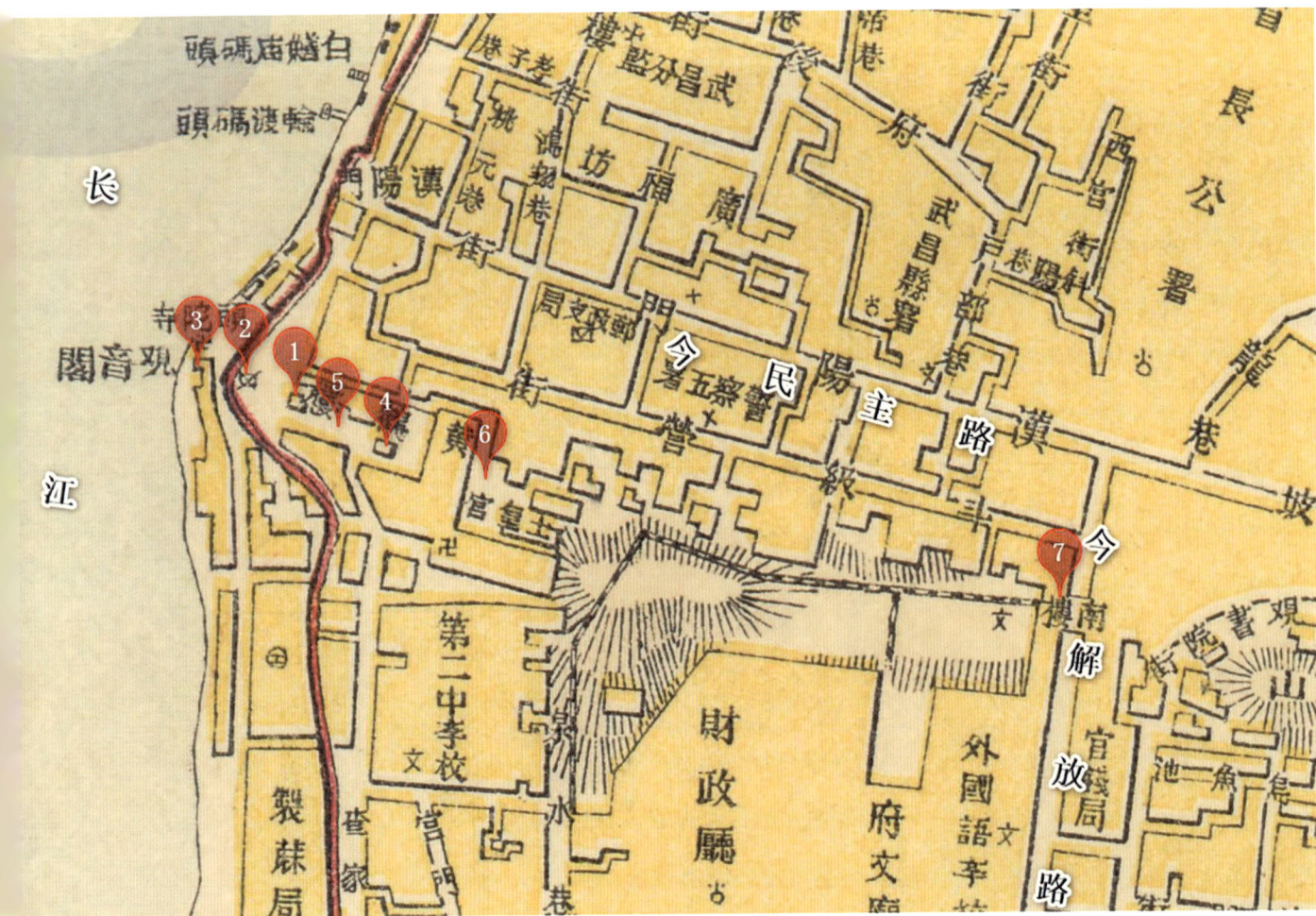

◀ 图 3-17　警钟楼（1911 年摄）。黄鹤楼被毁后，1904 年，湖北巡抚端方决定在黄鹤楼遗址处建起一座西式楼——警钟楼，作火灾瞭望预警之用。1955 年兴建武汉长江大桥时，警钟楼被拆除，原址立武汉长江大桥建成纪念碑

▲ 图 3-18　从奥略楼俯瞰警钟楼（1911 年摄）

◀ 图 3-19　从汉阳门下游方向看警钟楼、胜像宝塔、奥略楼（20 世纪 30 年代中期摄）

2. 胜像宝塔：由元代威顺王于 1343 年建在黄鹤楼前的黄鹄矶上。1955 年兴建武汉长江大桥时迁移至黄鹤楼公园内今址。

▼ 图 3-20 胜像宝塔（1905 年摄）

3. 观音阁：黄鹤楼所在的蛇山古时也称黄鹄山，江边黄鹄矶上建有观音阁（也称观音寺）和胜像宝塔。

▼ 图 3-21 这张照片由英国摄影师威廉·桑德斯于 1863 年拍摄，为迄今发现的最早的武昌照片。图片中右部可见胜像宝塔，其左边旗杆处为黄鹤楼遗址。江边为观音阁。

4.官胡二公祠、奥略楼、张公祠。

▶ 图 3-22 官胡二公
祠前的同治皇帝御赐
碑亭（1902 年摄）

◀ 图 3-23 胡公祠系
晚清为纪念湖北巡抚
胡林翼所建，后加祀
前湖广总督官文，改
称官胡二公祠。位置
被之后所建的奥略楼
占用一部分（1863 年
威廉·桑德斯摄）

▶ 图 3-24 奥略楼修建前的官胡二公祠（最高处）（20世纪头十年明信片）

▶ 图 3-25 1908年，湖广总督张之洞奉调进京。其门生在黄鹤楼遗址（警钟楼）东边，官胡二公祠前建"风度楼"以资纪念。张之洞认为楼名不妥，亲书改名"奥略楼"。风度楼的匾额虽属短暂一瞬，但还是留下了影像（拉里贝摄）

图 3-26 由于奥略楼位置与被毁的黄鹤楼相近，时人乐以"黄鹤楼"代称，如毛泽东 1927 年所写《菩萨蛮·黄鹤楼》即是一例证（20 世纪 20 年代明信片）

图 3-27 奥略楼（1926 年摄）

▲ 图 3-28 奥略楼和蛇山北麓斗级营一带（20 世纪 30 年代明信片）

▲ 图 3-29 1935 年在蛇山官胡二公祠遗址上新建的纪念张之洞的张公祠

5. 涌月台。

▲ 图 3-30 在警钟楼与奥略楼之间的涌月台（20 世纪 30 年代摄）。其上有"月色无玷，江流有声"等书法石刻。1956 年兴建长江大桥时移走，今黄鹤楼公园内有仿建的涌月台

6. 抱膝亭和同治黄鹤楼铜顶。

▶ 图 3-31 抱膝亭（20 世纪 30 年代摄）。晚清为纪念曾任湖北按察使、署布政使的梁鼎芬而建。梁鼎芬为张之洞的幕僚，是张之洞在武昌创办近代新式教育时的得力助手

◀ 图 3-32 抱膝亭远景

7. 南楼。

▶ 图 3-33 蛇山上跨长街（今解放路）的南楼（20世纪 30 年代摄）。历史上与黄鹤楼齐名，南宋时文人墨客留下不少诗赋。今黄鹤楼公园里有复建的南楼

▶ 图 3-34 1935 年长街
（今解放路）进行市政扩
宽工程，横跨长街的南楼
被拆除，建蛇山桥连接两
边蛇山，供行人通行之用。
1956 年建设武汉长江大桥
时被公路桥取代（20 世纪
30 年代末摄）

◀ 图 3-35 从江边
看蛇山桥通往山头

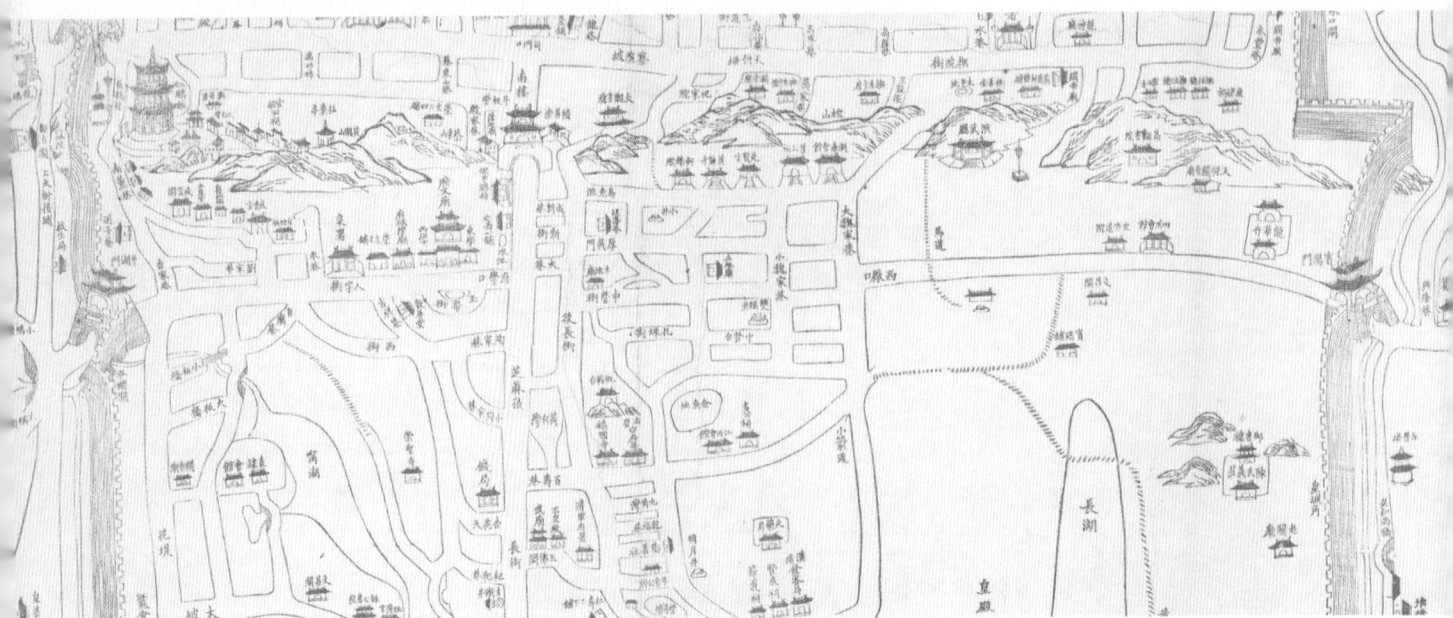

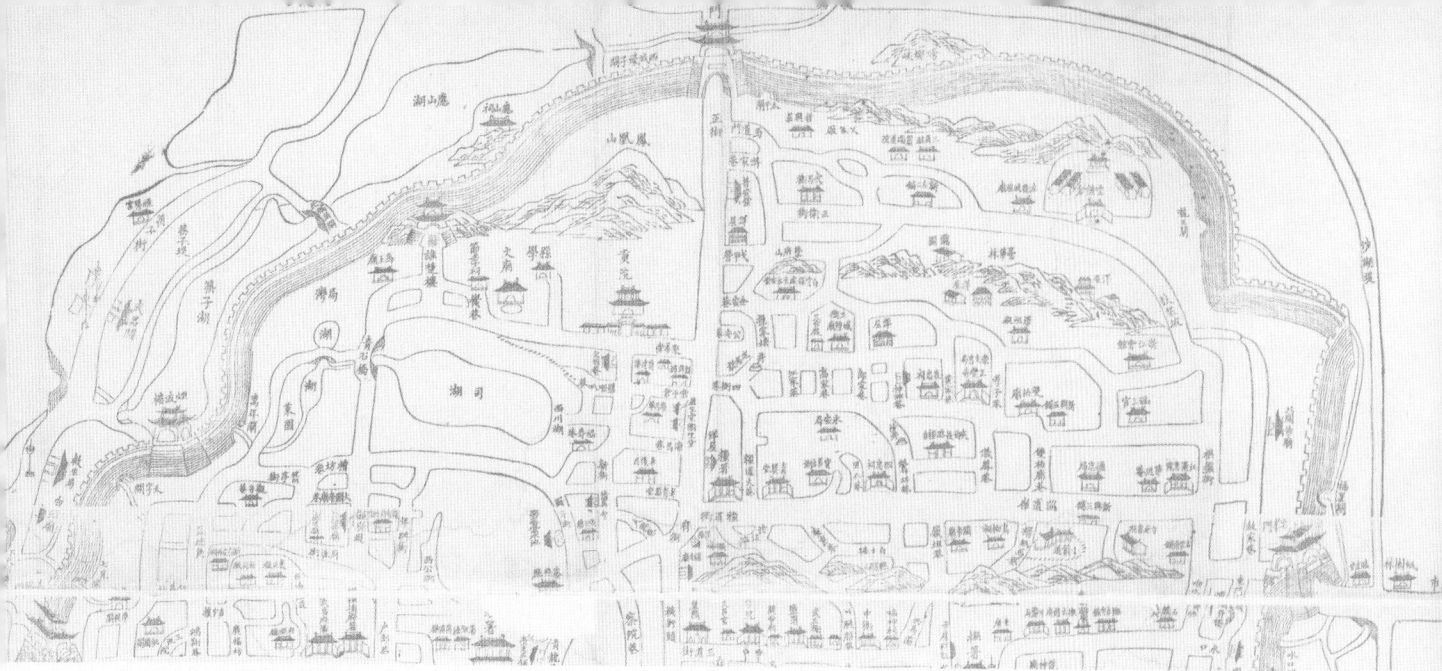

第四章

华中重镇　湖广会城

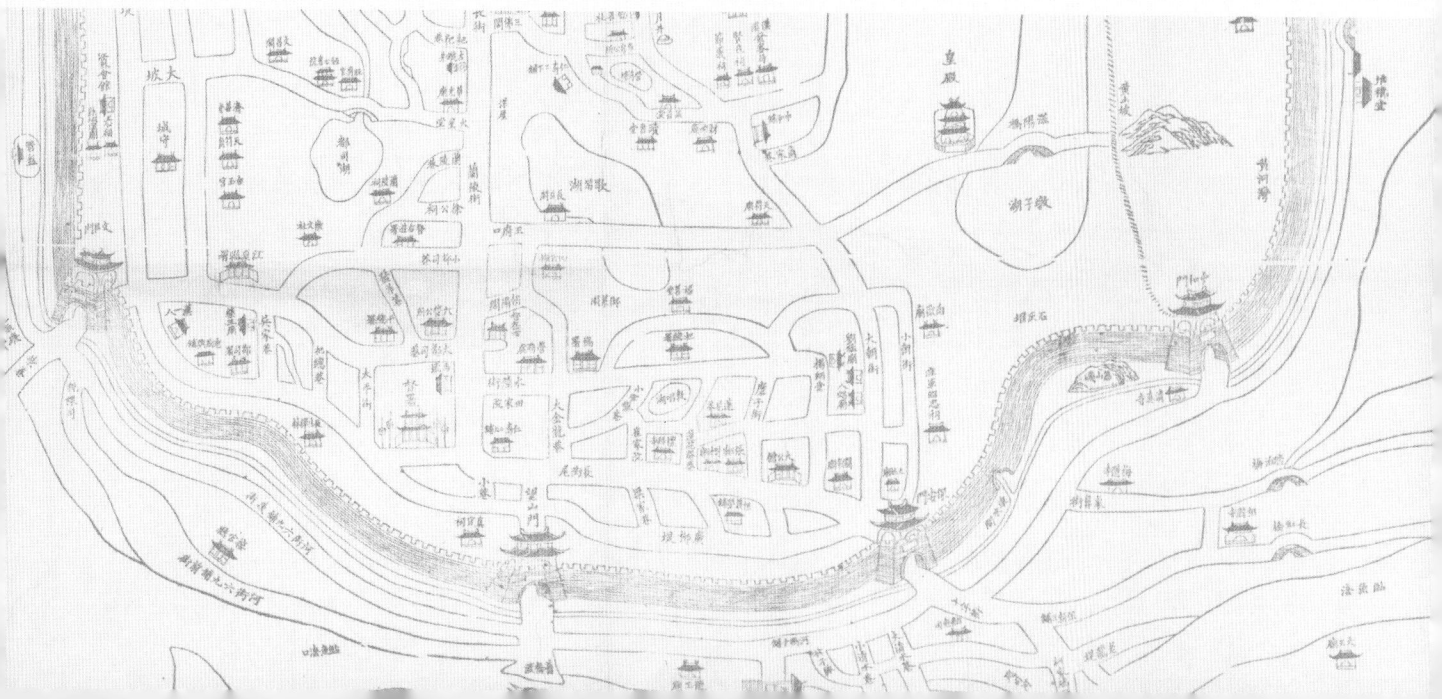

武昌位于长江与其最大支流汉江交汇之处，两汉至宋元曾是县、郡、州、路、府之治所，明清更为管辖湖北、湖南广袤大地的湖广总督驻所，湖北首府。

三国时期吴黄武二年（223年），孙权于蛇山筑夏口城，武昌古城雏形初成。西晋太康初年（208年），沙羡县治所移至夏口城，武昌古城渐为县、郡、州（府）治所。元代，建立行省制度，今日的湖北南部、湖南和广西全境、贵州大部、广东的部分地区同属湖广省，首府为鄂州路（今武昌）。明代与清初，武昌古城一直为湖广军政主官驻地。清康熙三年（1664年），湖北、湖南分省，武昌古城仍为湖广总督驻地，同时为湖北巡抚、武昌府、江夏县三级衙门所在地，武昌官署林立，冠盖如云。除督署、抚署、三司外，还有府署、县署以及众多的僚属机构，故有"武昌的帽子（官帽）多"之俗语流行于世。

一、武昌古城历为县、郡、州、府治所，行省会城

秦代，武昌之地属南郡沙羡县。汉高祖六年（前201年），析南郡置江夏郡，郡、县治所均在涂口（今金口镇）。西晋太康元年（280年），改江夏郡为武昌郡，沙羡县治所均迁夏口。东晋义熙年间，河南汝南居民流入夏口，夏口属侨置的汝南县，为江夏郡治所。454年南朝宋孝武帝于夏口置郢州，夏口由郡、县治地，上升到州治的地位。隋文帝开皇九年（589年），改郢州为鄂州，改汝南县为江夏县，治所仍设夏口。

唐武德四年（621年），废江夏郡。后唐太宗划全国为十道，江夏属江南道。至唐中期，鄂州（今武昌）成为贡赋转运中心，设武昌军节度使。北宋真宗年间，朝廷改道为路，江夏属荆州湖北路，简称荆湖北路。南宋初年，鄂州上升为荆州湖北路的军事中心。元朝实行行省制度，今武昌地处湖广行省北部边缘，称鄂州路。1301年，元成宗改鄂州路为武昌路，武昌成为大区域行政中心，为湖广行省、武昌路和江夏县的治所。

明洪武九年（1376年），废行中书省为承宣布政使司（亦称"省"），且设湖广承宣布政使司、提刑按察使司和都指挥使司"三司"于武昌，统领今湖北、湖南两省。不久，又改武昌路为武昌府，领九县一州，今武昌为武昌府和江夏的治所，江夏县是武昌府的附郭县。1438年，明英宗设湖广巡抚，随后又置总督湖广等省军务和地方总兵官，总督、巡抚和总兵治所均设武昌。武昌城衙门云集，既有高于省级的总督衙门，又有省级的三司衙门，还有武昌府署、江夏县署，人称"湖广会城"。

清康熙三年（1664年），分湖广布政使司为湖北、湖南两个布政使司，移偏沅巡抚于长沙。湖北布政使司统辖区域大致相当于今天的湖北省；湖南布政使司辖区相当于今天的湖南省。雍正二年（1724年），偏沅巡抚更名为湖南巡抚，湖北、湖南成为两个独立的行省。

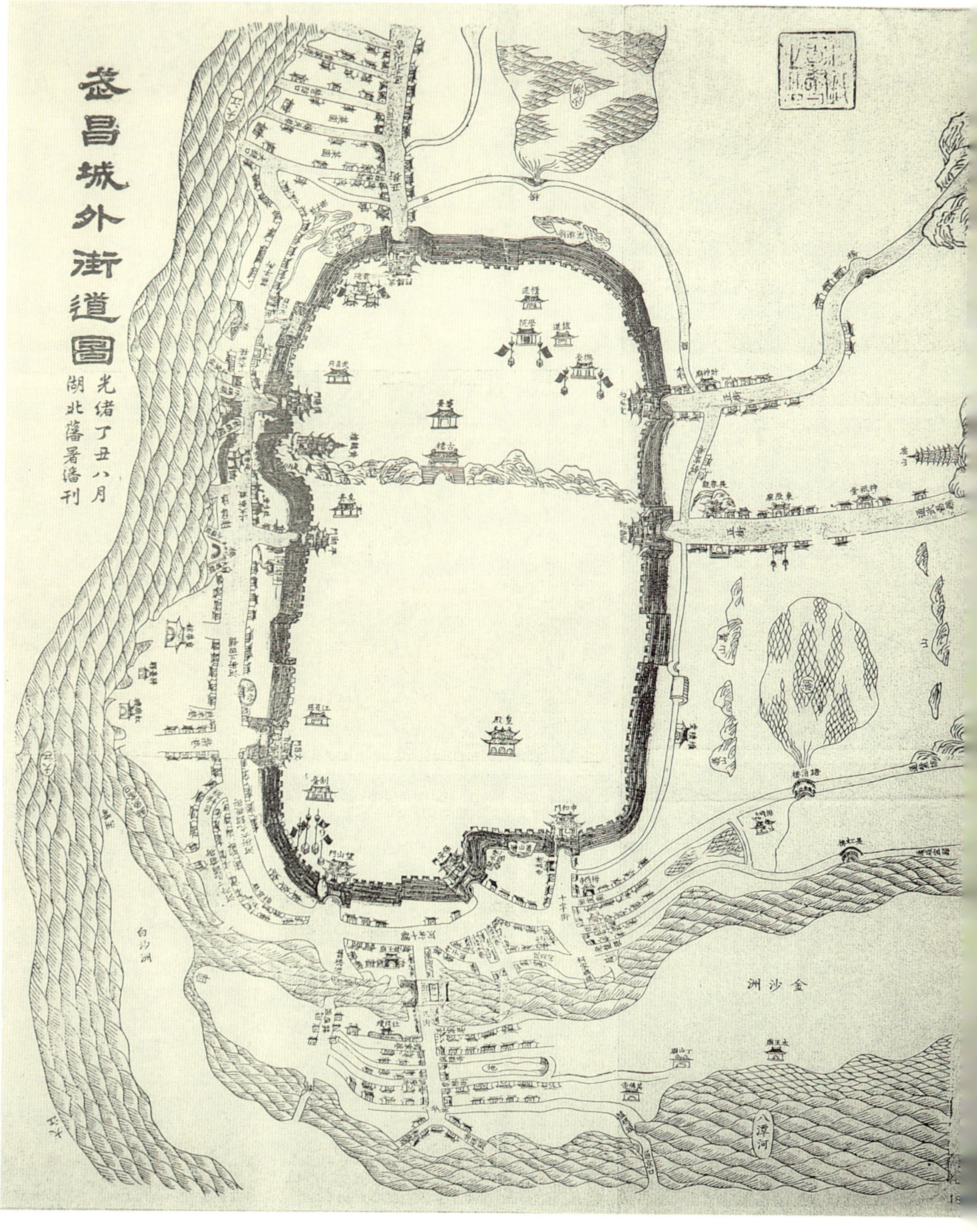

▶ 图 4-1 1877 年
湖北藩署刊印的《武
昌城外街道图》

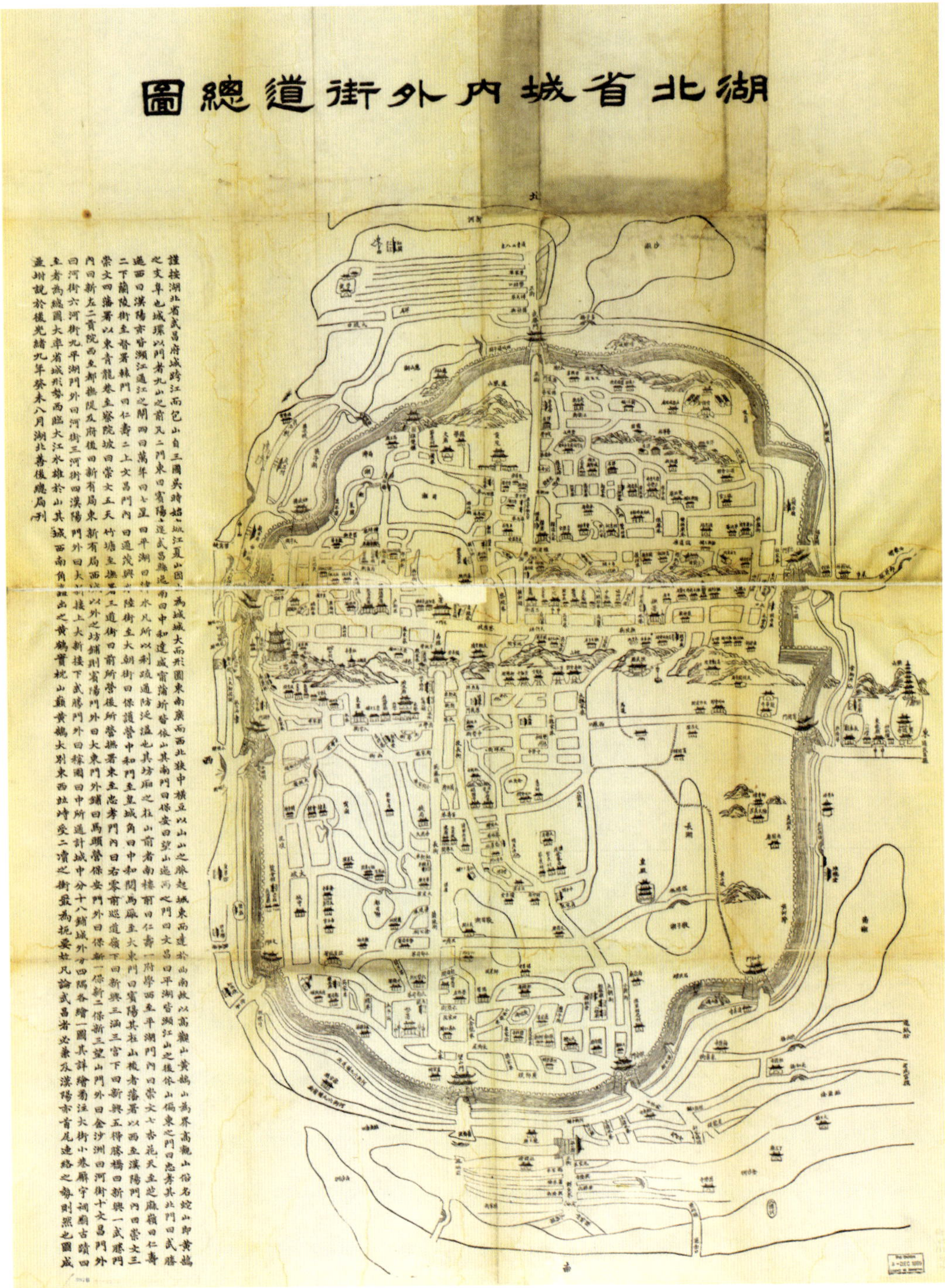

▲ 图 4-2
1883 年湖北善后总
局刊印的《湖北省
城内外街道总图》

二、明代楚王府

1363 年，陈友谅与朱元璋决战于鄱阳湖，陈友谅兵败身亡，其子陈理退走武昌。1364 年，朱元璋兵发武昌，驻跸武昌梅亭山，恰逢第六子朱桢降生，朱元璋喜曰："子长，以楚封之。"洪武三年（1370 年），朱元璋封朱桢为楚昭王，赐地武昌。随后，江夏侯周德兴奉旨按王城的规模和形制，历经九年，于洪武十二年（1379 年）建造了占地达 2 平方里的楚王府。

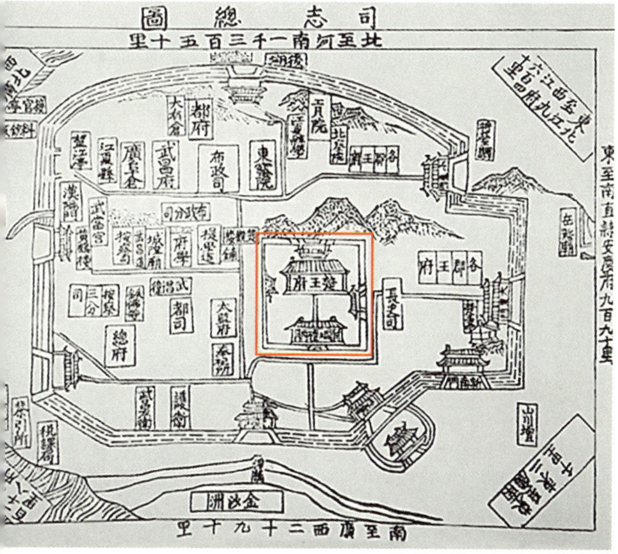

▲ 图 4-3 明嘉靖《湖广图经志》上的楚王府

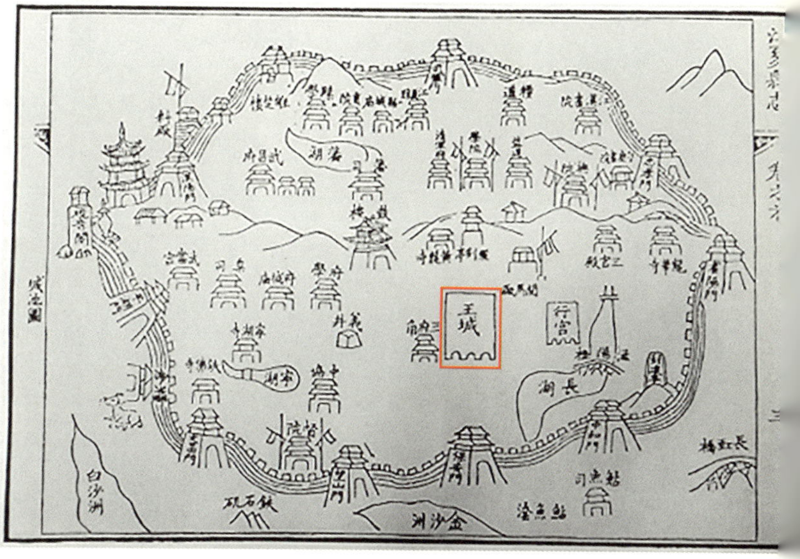

▲ 图 4-4 清乾隆《江夏县志》上的楚王府遗址

楚王府据武昌古城中心，高观山南麓，坐北朝南。前起大朝街（今复兴路），东靠阅马场，西临长街（今解放路一带），东西宽二里，南北长四里，几占武昌城之半。

楚王府四周垒石为城，城高二丈九尺，开四门，南曰端礼，东曰体仁，西曰遵义，北曰广智。南门在今紫阳路湖北省人民医院一带，此地至今留有地名"王府口"。

王府内前有承运殿、圜殿、存心殿，后有供生活起居用的前中后三宫，再后为花园。两边则是宗庙社坛、寺院宫观，共计房间"八百有奇"。

府内还有梳妆台、金鱼池、假山等景点和专门蓄养歌姬的御花园。

另有郡王府建在其旁，以拱卫楚王府。

楚王府是明代声势烜赫的四大藩府之一。除每年可获得湖广行省的岁贡500石米、25000贯钞、40匹锦、100匹罗、500匹绢、2000匹布、2000引盐、1000斤茶以及每月50匹马的草料外，王府还大量兼并土地，并在汉阳、汉川、黄陂、咸宁、嘉鱼、孝感、崇阳、应城等地置有王庄，占有大量田产（仅汉阳一县就占有田地1676顷）。

楚王朱桢据说自幼聪明善学，能文能武，颇得朱元璋赏识。在其十七岁就藩时（1381年），朱元璋为其配有专属官吏、亲王指挥使以及6500人的护卫兵，同时，还允许楚王拥有节制湖广地区军事行动的大权。朱桢在武昌为王期间，曾多次受朱元璋调遣，率领汤和、周德兴等人出兵征战，平定诸蛮族的叛乱，屡立战功，朱元璋称赞道："真吾子也！"

◀ 图 4-5 楚望台碑近照

朱桢就藩武昌以后，在城内东南角建造刻有御制碑文的"封建亭"和用以登临遥望帝京、感怀皇恩的"楚望台"。

▲ 图 4-6 楚王府梳妆台遗址

每临夏季，朱桢就会到城郊龙泉山避暑。他视龙泉山为风水宝地，在此营造自己的陵寝——昭陵。至明朝衰亡，龙泉山相继建有楚昭、庄、宪、康、靖、端、愍、恭、贺等九座王陵（今为明楚王墓国家考古遗址公园）。

▼ 图 4-7 江夏龙泉山明楚王墓

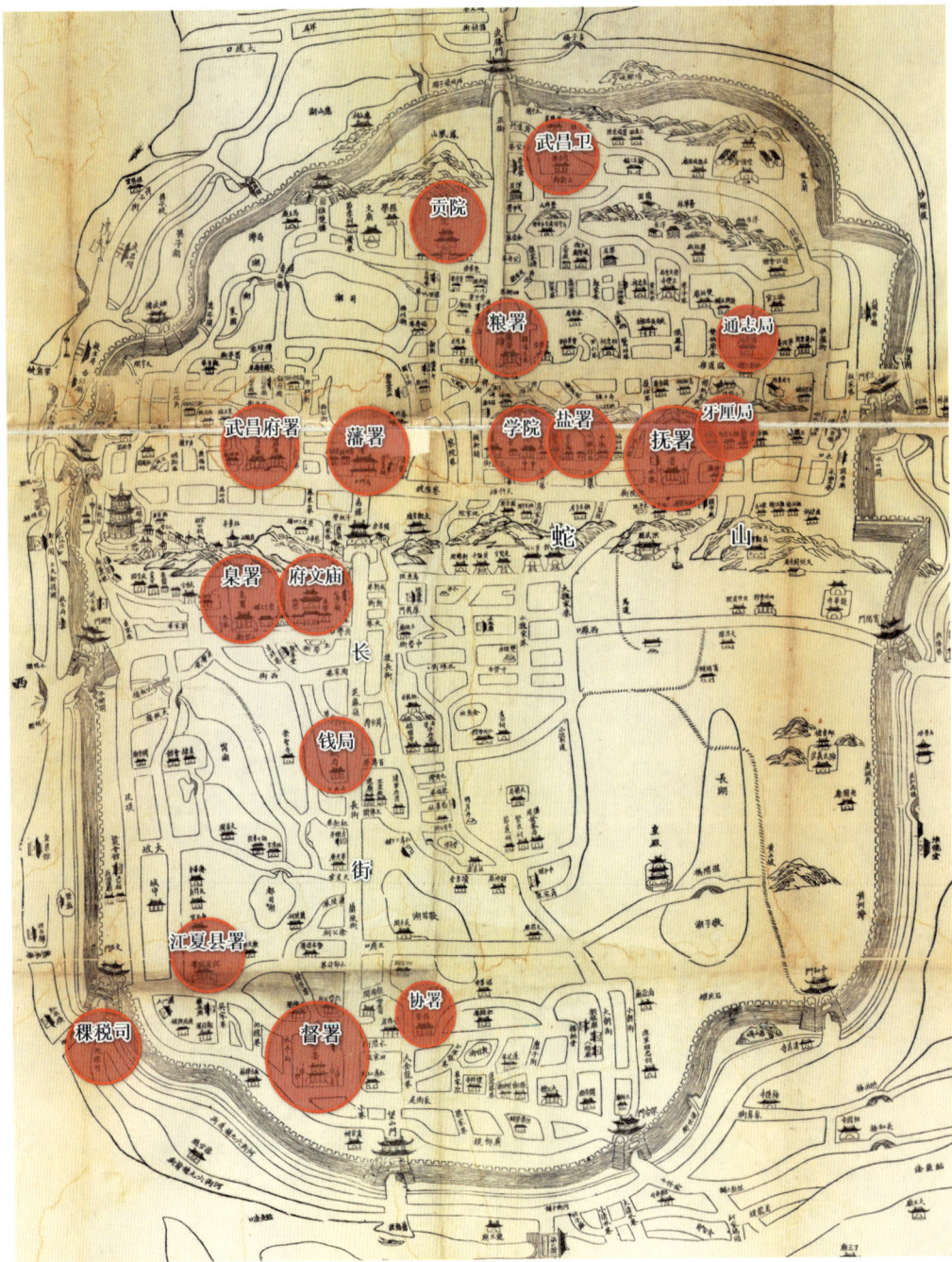

三、明清官署

武昌署衙云集，特别是明代楚王府建设后，环绕楚王府周围既有抚署、藩署、臬署、府衙、县衙等行政机关，又有府学、文庙、书院、贡院等教育机构，还有提督署、总兵府、都司署、守卫营等军队驻防，并延续至清代。

◀ 图4-8 图4-8 清末武昌城官署分布图（以1883年《湖北省城内外街道总图》为底图）

表 4-1　清末武昌部分行政机构一览表

署 名	长官名	职 掌	地 址
督署	总督	主管一至三省军政事务	在今解放路南端路西（原武昌造船厂内）
抚署	巡抚	主管全省军事、吏治、刑狱等	在今胭脂路与民主路相交处的东角
藩署	布政使	主管一省或数府的财政和民政	在今解放路与民主路交叉处西北侧、原武昌区人民政府大院一带
湖北按察使署	湖北按察使	主管一省的司法	在今大成路北湖北省汽车修配厂处
盐署	盐法道	管理盐政	在今三道街中段路北，即药品研究所附近
粮署	督粮道	督运各省漕粮	在今武昌粮道街
陕甘后路粮台	总办	采办军米	在沙井右侧
粮捕抚署			在旧武昌府署右侧
藩照厅、藩经厅和藩库厅			在今司门口一带
臬经厅			在武当宫右侧
武昌府署	知府	九县、兴国州行政长官	在今民主路西段湖北民主小学西
府经厅		相当于今武昌区政府办公室	在旧武昌府署旁
江夏县署	知县	主管一县事务	在今紫阳路西端路南（原武昌造船厂内）
县丞署			在旧三佛阁东，发审局右。宣统二年（1910 年）在其旧址上建硝矿局
臬司狱		按察使司监狱	在旧武昌府署附近
府司狱			在旧武昌府署附近
通志局		编修湖北省地方志的机关	今粮道街东段路北胶管厂一带
善后局		专管牙厘分配和政府财务调度	清末凡有战事的省份均设立善后局，在武昌老育婴堂附近
保甲总局		管理保甲的机关	今解放公路跨线桥南面路西，即群益服装厂一带
牙厘局		政府收税机关（城内）	在今荆南街
税课司		政府收税机关（城外）	在今紫阳路西端江边
钱局		铸造货币	在今彭刘杨路武昌邮局处
火药局		隶属善后局	在旧三佛阁东
汉阳发审局		武昌知府方大湜、汉阳知府严昉详请创建	在旧三佛阁东
候审所		光绪五年（1879 年），武昌知府方大湜、汉阳知府严昉详请增设	在旧汉阳发审局东

根据 1883 年湖北善后总局刊印《湖北省城内外街道总图》制。

围绕地方政府，武昌城中诸要塞处多布防有提督、总兵、千总以及戈甲营、斗级营、保护营铺、演武厅等各级武衙、营房和捕署。

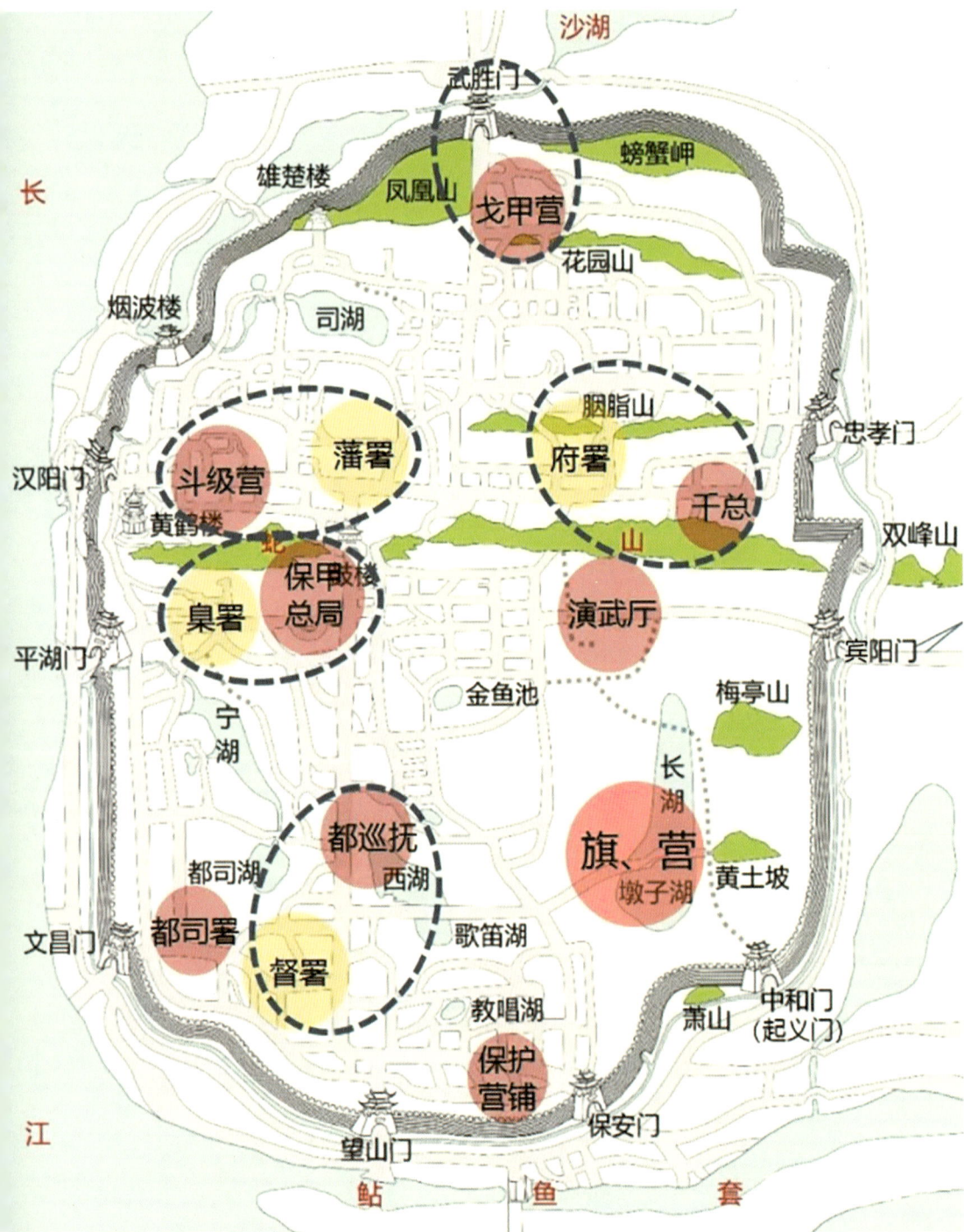

◀ 图4-9 武昌城内行政机构、军事机构的发展与联系（来自华中科技大学赵逵工作室，以1883年《湖北省城内外街道总图》为底图）

表 4-2 清末武昌部分军事机构一览表

名 称	地 址
协署	在旧御菜园附近
督左署	在大都司巷口斜对面
督右游署	在小都司巷附近
都司署	在药王庙附近
千总署	在旧大都司巷和发羊巷交叉处
把总署	在旧福善堂对面
营务处	在都左署旁
城守营	在今水陆街湖北省军区招待所处
清军府署	在旧三佛阁附近
抚左卫	在灵山寺右侧
抚左守备	在旧蒋家巷附近
抚右千总	在痘姥祠附近
抚右守备	在旧抚右游署附近
抚右游府	在旧抚署旁
斗级营	在今武昌斗级营社区
戈甲营	在今粮道街戈甲营社区
右营守备署	在镇国寺右侧
演武厅	今阅马场
武左卫	在今粮道街
武昌卫	在旧正卫街
前后所营捕	在旧关帝庙与衡善堂之间

根据 1883 年湖北善后总局刊印《湖北省城内外街道总图》制。

除此之外，张之洞督鄂时，在武汉训练了一支湖北新军，分别是张彪任统制的第八镇和黎元洪任协统的第二十一混成协。工程第八营驻地在今湖北省总工会院内，混成协炮兵第十一营和辎重第十一营一队、工兵第十一营一队驻城外塘角老恺字营，距武胜门数里。

表 4-3　1883—1909 年期间武昌部分军事机构一览表

名　称	地　址
督署	在今武昌造船厂内，原湖广总督署
混成协营	在武昌城外塘角江边
步队十五协	在旧如来庵（右旗）
步队十六协三十一标	在宾阳门附近（左旗）
步队十六协四十一标	在宾阳门附近（左旗）
斗级营	在今武昌斗级营社区
中营	在中营正街
辎重营	在辎重营街
炮队营	在粮仓后街江边
工程第八营	在今武昌区湖北省总工会大院内
镇司令处	在武昌旧千总署
军治所	在旧建亭街，1883 年时为箭亭街
营务处	在兰陵街与水陆街交会处
督练公所	旧督署左侧
军械所	在今楚望台附近
抚标右营	旧牙厘局街，今荆南街
抚标营	在武昌胭脂山下
游府署	在今武昌三道街
府业游署	在武昌旧巡抚署旁
陆军特别小学堂	在武昌黄土坡
陆军将校讲习所	在武昌长湖左侧

根据 1909 年《湖北省城内外详图》制。

▶ 图 4-10
由聘任外籍教
官训练的湖北
新军

▼ 图 4-11 湖北
新军在兵营操练
（1898 年摄）

戈甲营

藩署

枭署

炮队营

监道署

抚镖营

警察总局

阅马场

辎重营

司令处

练兵营

陆军少将讲习所

步队十六营

都署

步队十五营

军械所

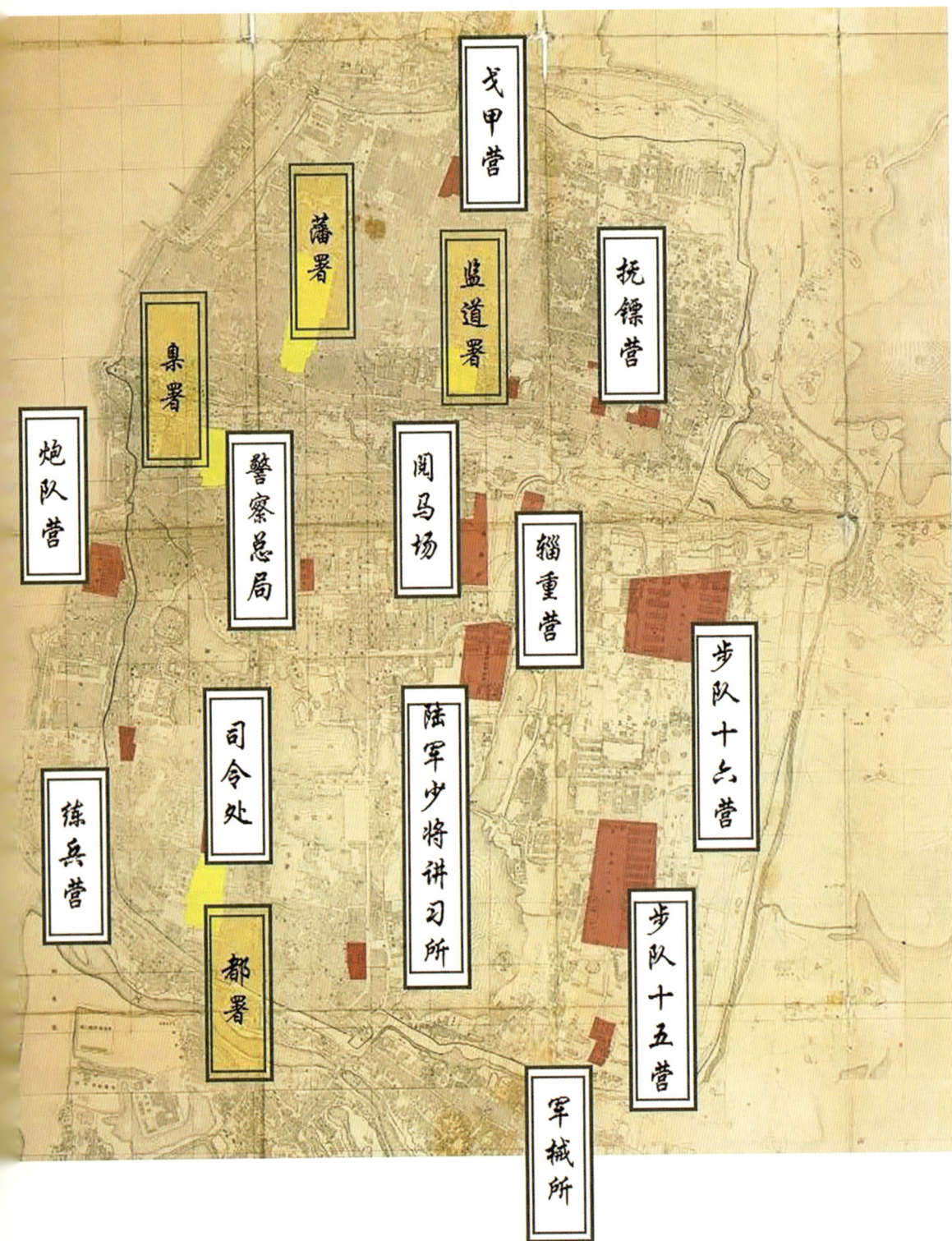

▲ 图 4-12 武昌新军布防图（来自华中科技大学赵逵工作室，以 1883 年《湖北省城内外街道总图》为底图）

1.总督署

湖广总督署又称督署、总督衙门，或称制台衙门、制军衙门、制府衙门，总督全称是"总督湖北、湖南地方，提督军务、粮饷兼巡抚事"。湖广总督名义上掌管湖北、湖南军政事务，但实际职能侧重于军事。清代湖广总督署毁于1911年辛亥炮火，其遗址位于武昌古城望山门内西侧，即2000年原武昌造船厂东门内。

▶ 图4-13 毁于辛亥革命炮火中的湖广总督署

▶ 图4-14 废墟中的湖广总督署

▲ 图 4-15 被毁后的湖广总督署内院

◀ 图 4-16 1893 年湖广总督署、湖北巡抚官员观看汉阳铁厂出铁

自 1838 年以来，被任命为湖广总督的有林则徐、周天爵、裕泰、程矞彩、徐广缙、张亮基、吴文镕、台湧、杨霈、官文、谭廷襄、李鸿章、李瀚章、郭柏荫、李瀚章、翁同爵、涂宗瀛、卞宝第、裕禄、张之洞、谭继洵、端方、赵尔巽、陈夔龙、瑞澂、袁世凯（未到任）、魏光焘（未到任）、王士珍（未到任）、段芝贵（未到任）、段祺瑞（未到任）等人，其中政声最著者为林则徐与张之洞。

林则徐，字元抚，又字少穆、石麟，福建侯官人。任湖广总督期间，开展禁烟，并提出"禁烟六策"，有效遏止了鸦片在湖广的传播。后因禁烟有功，受命为钦差大臣，前往广东查禁鸦片，在广州发动了轰动中外的"虎门销烟"。

图 4-17 林则徐画像

▲ 图 4-18 张之洞肖像

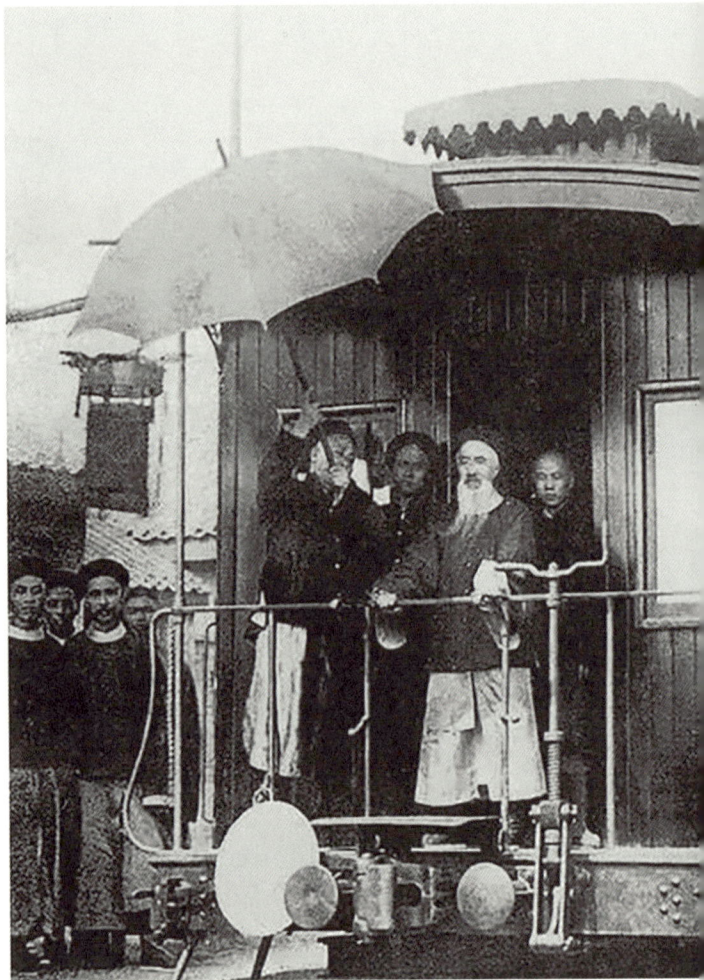

▲ 图 4-19 1906 年湖广总督张之洞出席京汉铁路通车大典

　　湖广总督张之洞，字孝达，号香涛，直隶南皮人。同治二年（1863 年）中进士第三名探花，授翰林院侍讲学士，官至体仁阁大学士。洋务派代表人物，与曾国藩、李鸿章、左宗棠并称"晚清中兴四大名臣"。张氏主张"中学为体，西学为用"。从 1889 年调任湖广总督，到 1907 年调任中枢，主政 18 年。其间，推行新政，练新军、办新学、兴工厂、倡商战，成就震惊中外，开湖北近代化建设新纪元。

清代最后一位湖广总督博尔济吉特·瑞澂，字莘儒，号心如，满洲正黄旗人。大学士琦善之孙。1900 年八国联军入侵北京，瑞澂在顺天组织法庭，任临时地方审判官。1906 年擢升九江道。后累官至湖广总督，任内推动洋务新政。武昌起义爆发，逃往上海，旋被清廷革职。中华民国成立后，被没收其存于钱庄的百万财产，1915 年死于上海寓所。

▼ 图 4-20 辛亥革命爆发后，在军官护卫下，湖广总督瑞澂狼狈而逃，寻求避难

2. 湖北巡抚署

湖北巡抚署，又称抚军衙门、抚院衙门、抚台衙门。巡抚总理一省之政务。康熙三年（1664 年），改湖广巡抚为湖北巡抚，驻武昌。湖北巡抚署在今胭脂路与民主路相交处的东角。

▲ 图 4-21 从蛇山俯瞰湖北巡抚署

3. 湖北布政使署

湖北布政使署，即藩署，又称藩台衙门、藩司衙门。布政使全称是"承宣布政使司布政使"。承宣布政使司是明清两朝的地方行政机关。专理一省或数府的民政、财政，主管田土、户籍、钱粮、官员考核、沟通督抚与各府县的事务，是总督和巡抚的僚属。湖北布政使署在今解放路与民主路交叉处西北侧的原武昌区人民政府大院一带。衙门坐北朝南，大门正对长街（今解放路）。辛亥革命后，原藩署被改用为湖北都督府。

▲ 图 4-22 辛亥革命爆发后的原藩署辕门

4.湖北按察使署

湖北按察使署，即臬署，也称臬台衙门、提法使衙门。按察使的全称是"提刑按察使司按察使"。是管理一省的司法长官，也是总督和巡抚的僚属。湖北按察使署在今大成路北湖北省武昌汽车修配厂处。

▼ 图4-23 1883年湖北善后总局刊印《湖北省城内外街道总图》上之臬署，即按察使署

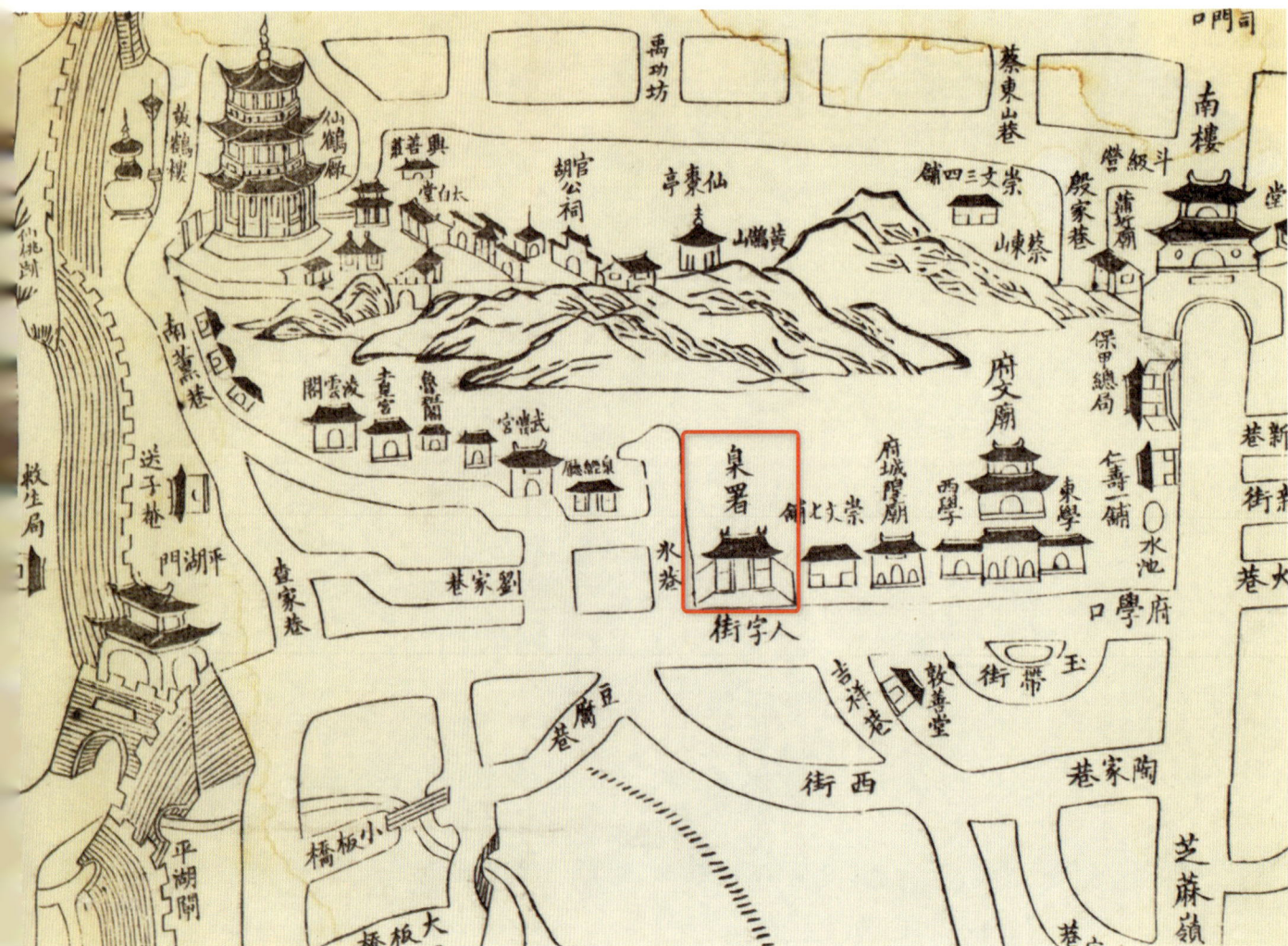

5. 武昌府署

武昌府是湖北省首府，辖九县一州。武昌府署遗址在今民主路西段原民主路小学西侧。2022 年在户部巷斗级营改造工程中发现一块麻石，上刻"武昌府署地界"六字。

▼ 图 4-24 武昌户部巷斗级营出土"武昌府署地界"碑地点示意图（以 1917 年《武昌街道图》为底图）

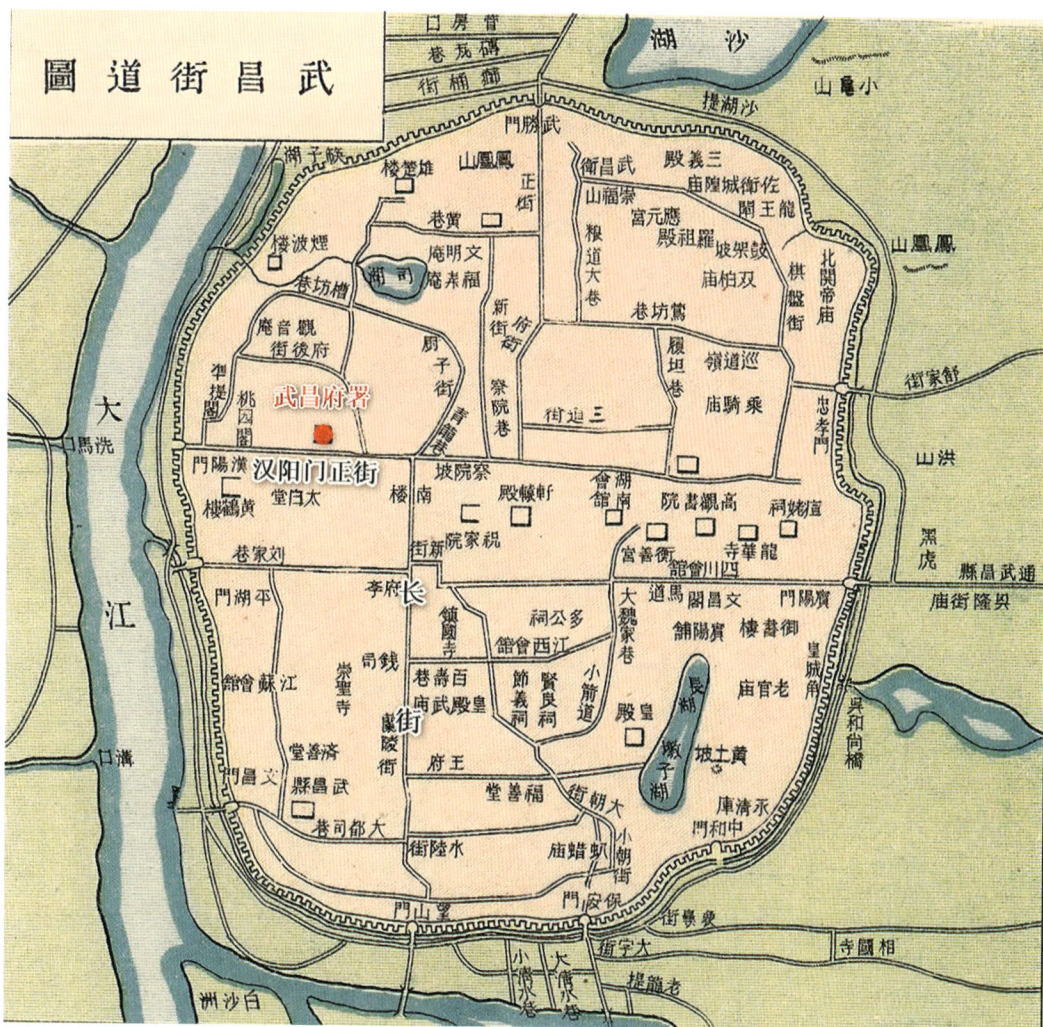

6. 江夏县署

江夏县衙门位于文昌门附近，与湖广总督署处于同一方位，其遗址在今紫阳路西端原武昌造船厂内。

▼ 图 4-25 1883 年湖北善后总局刊印
《湖北省城内外街道总图》上之江夏县署

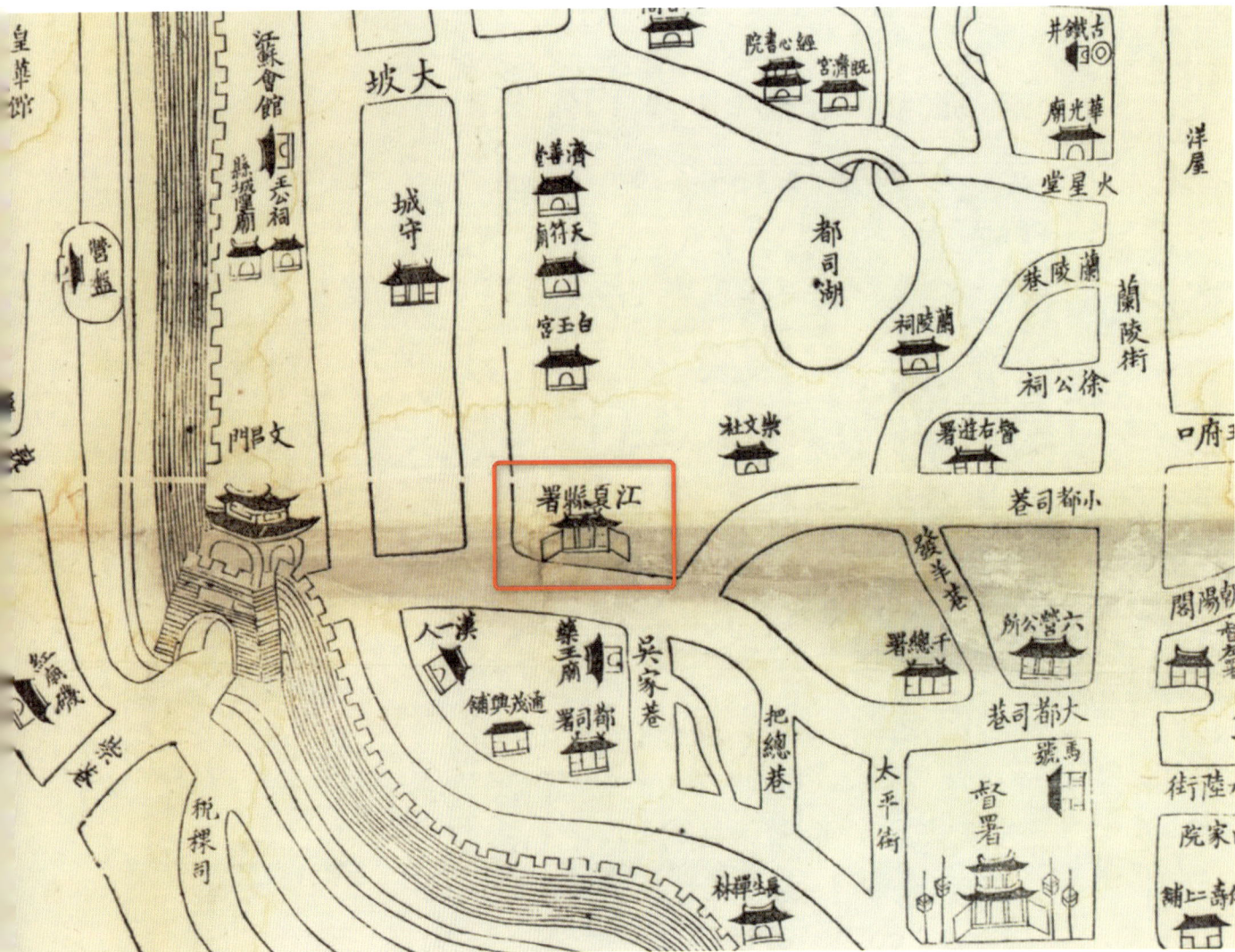

　　武昌城的署衙还有都司署，在今文昌门附近；督左署在今大都司巷口斜对面；粮道署在今粮道街；盐道署在今三道街中段路北；钱局在今彭刘杨路武昌邮局；通志局在今粮道街东段路北一带；保甲局在今解放路公路跨线桥南面；牙厘局（清末收税机关）在今荆南街（原名牙厘局街）；税课司在今紫阳路西端江边；以及在今水陆街湖北省军区招待所处的城守营驻地，在旧三佛阁东的清军府署。几百年过去了，这些衙门早已不复存在，但武昌城还保留有如察院坡、巡道岭、都司湖、抚院街、都府堤、三道街、司门口、候补街、读书院等带有官宦色彩的地名、街道名。

▼ 图4-26 武昌衙门分布图

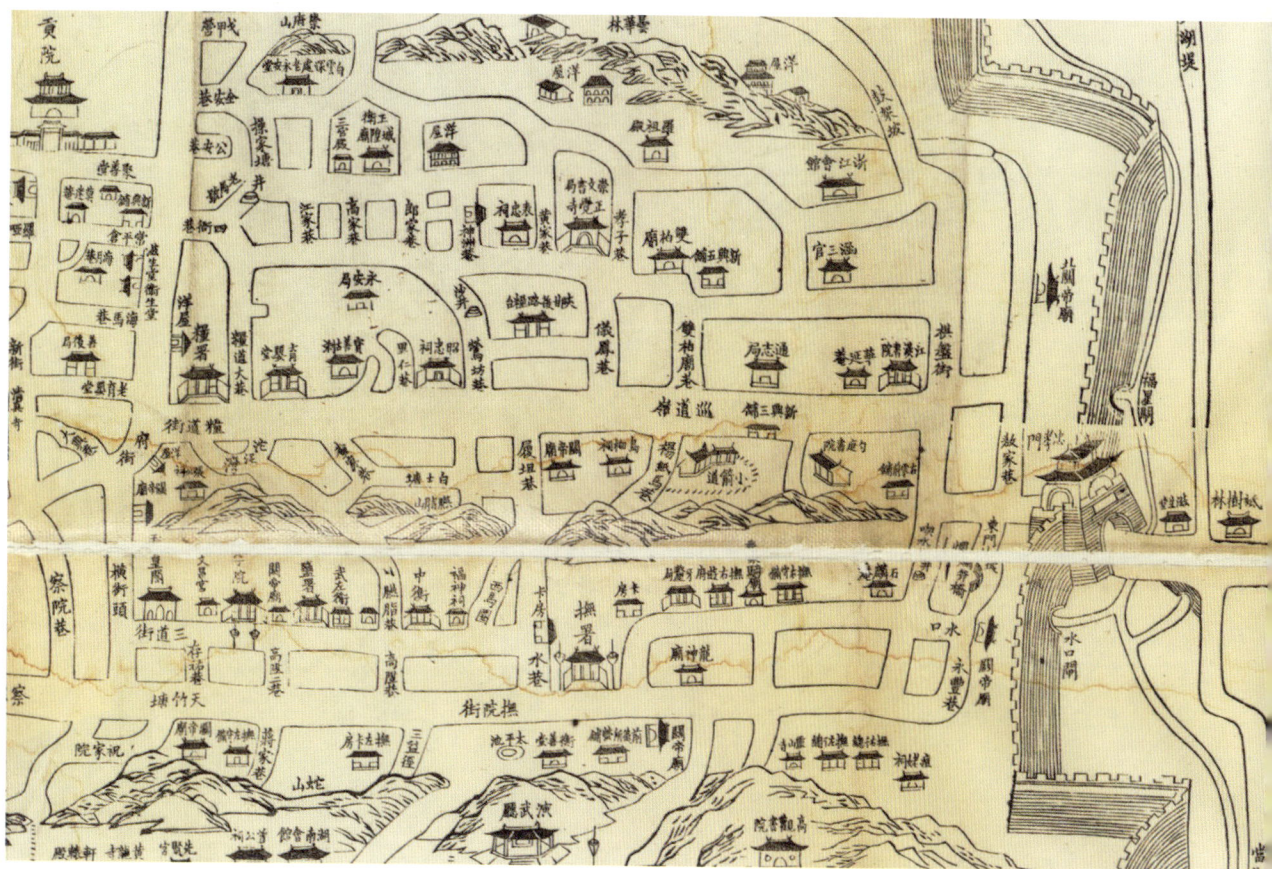

　　清末，标志着西方政治文明的法权制度输入武汉。1902年6月，张之洞在武昌创设了中国近代史上第一个以"警察"命名的机构——武昌警察总局。武昌警察总局设四科，有步兵550名、骑兵30名、清道工人202名，雇英国人任总目，时任武昌知府梁鼎芬兼任局长。随后，湖北的警政机构由武昌逐渐扩展到汉口、汉阳、宜昌、沙市、荆州、襄阳、德安、黄州、安陆、施南、郧阳等地。武昌警察总局的建立，推动了武汉城市管理机制的现代化转型，更为中国现代警察制度的创立奠定了基础。

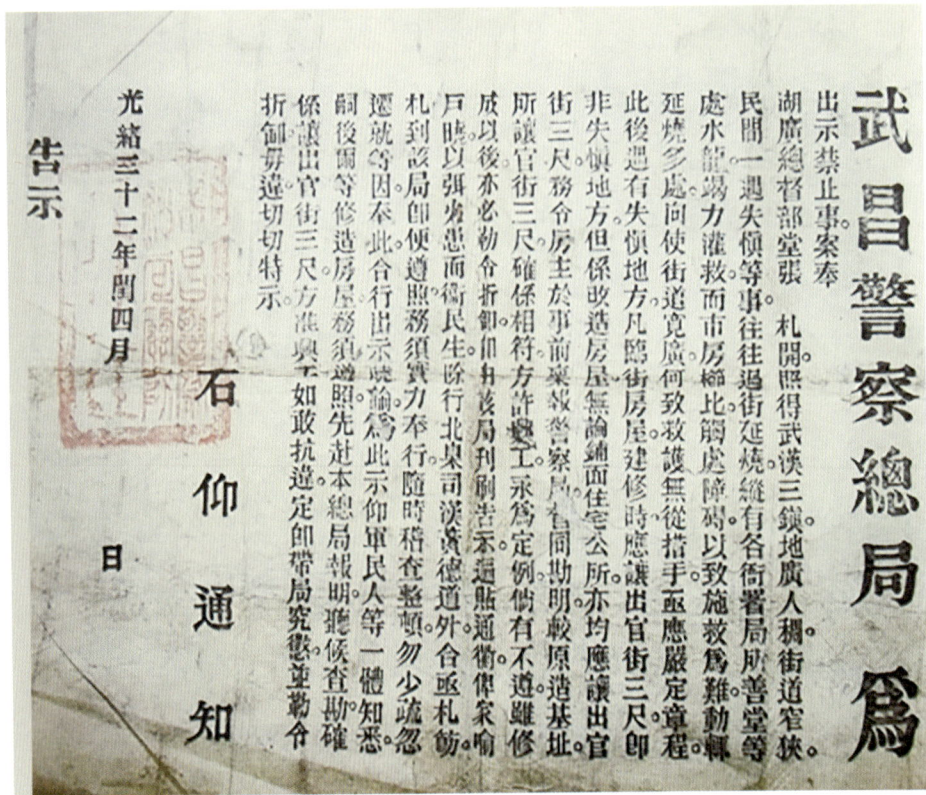

◀ 图 4-27 1906年武昌警察总局发布的《出示禁止事案告示》（选自《首义警事：辛亥革命中的武汉警察》）

　　1902 年，湖广总督张之洞筹资，将文昌门内路北原武昌江夏县监狱改建为湖北省城模范监狱。1905 年动工，1907 年竣工。此监狱曾经关押过刘静庵、胡瑛等大批辛亥革命党人。旧址现为武昌造船厂职工宿舍。

▼ 图 4-28 湖北省城模范监狱遗址

7. 湖北第一监狱

1913 年后，湖北省城模范监狱改称湖北武昌监狱，1917 年更名湖北第一监狱，属甲类新监，由省高等法院管辖。国民政府时期，改称湖北第一模范监狱。1936 年又改回湖北第一监狱。

▼ 图 4-29 湖北第一监狱前身即清末张之洞创办的湖北省城模范监狱

8. 湖北咨议局

1907 年，清廷效仿西方推行君主立宪，颁旨通令各省成立咨议局。1907 年 10 月 19 日，湖广总督赵尔巽奉旨在武昌设立"湖北咨议局创办所"，负责咨议局创办事宜。1908 年 5 月，陈夔龙接任湖广总督，改湖北咨议局创办所为咨议局筹办处。1909 年 6 月 2 日，湖北各府、厅、州、县逐级举行了湖北咨议局议员初选；7 月复选，选出省咨议局议员 80 名，专额议员 3 名。10 月 3 日，议员们齐集武昌，选出吴庆焘为议长（3 个月后由汤化龙取代），汤化龙、夏寿康为副议长，刘赓藻、张国溶（不久增选为副议长）等 17 人为常驻议员，刘耕余等为候补常驻议员。1910 年 9 月初，咨议局迁入办公。

▲ 图 4-30 咨议局界碑

  1911 年 10 月 10 日，武昌爆发旨在推翻清政府的武装起义。次日起义军占领武汉三镇，并建立中华民国军政府鄂军都督府，宣告"以共和政体建设民国"。原湖北新军二十一混成协协统黎元洪被推举为都督。鄂军都督府设于湖北咨议局。该建筑因其为一组红墙红瓦的"山"字形建筑，又被武汉人称为"红楼"，后被尊崇为"民国之门"，现为"辛亥革命武昌起义纪念馆"。

▲ 图 4-31 辛亥武昌首义
时的湖北鄂军都督府

▲ 图 4-32 辛亥武昌首义
时的湖北鄂军都督府大门

▲ 图 4-33 鄂军都督府旁之铁轨

▲ 图 4-34 鄂军都督府，俗称"红楼"

9. 湖北都督府

辛亥革命时，各省纷纷宣布独立，各省的军政长官改称都督，鄂军都督府改为湖北都督府。1912 年湖北都督府迁至清总督署处。后来实行军民分治，都督专管军事，由民政长管理政务。1916 年，各省督理军务长官改称督军，民政长改称省长。黎元洪是湖北省第一任督军。1926 年 10 月 10 日，国民革命军攻克武昌城，11 日撤销武阳夏公安总司令部，成立武汉卫戍司令部，司令部亦设于此。

黎元洪之后，在湖北担任代都督、都督、将军、督军、督办的先后有段祺瑞、段芝贵、张锡銮、王占元、肖耀南与陈嘉谟 6 人。

▲ 图 4-35 原湖广总督署遗址上建起的湖北都督府

10. 湖北省政府

　　1912 年 2 月，湖北军政府遵照中华民国临时政府命令，撤销前清府、厅、州建制，改厅、州为县。同年 4 月，副总统黎元洪致电临时大总统袁世凯，请速委任湖北民政长（后改称省长），主持全省政务，以便实行军民分权而治。同月 19 日，袁世凯依据湖北省临时议会的推举，委任樊增祥为湖北民政长，樊坚辞不就。5 月，省临时议会议长刘心源暂署理民政长，7 月 7 日刘上任视事。湖北省下设内务司、财政司、教育司、实业司、司法司、外交司（后撤销，另设特派交涉员）等机构。1913 年 1 月，北京民国政府决定省下分道，湖北分为武汉黄德、安襄郧荆和荆宜施鹤三道。1914 年《省官制》公布，湖北设政务厅、财政厅，内务、实业、教育三司归属政务厅，1917 年，教育、实业二司改设为厅，与财政厅相同，直隶于中央。其后再未变化。此外，1913 年湖北设省会警察厅，后于 1915 年设湖北警务处。

▲ 图 4-36 民国时期湖北省政府大门

▲ 图 4-37 民国时期湖北省政府大门近景

从 1912 年 4 月到 1949 年 12 月，湖北省共有民政长、省长、巡按使 34 任，他们是樊增祥、刘心源、夏寿康、饶汉祥、吕调元、段书云、范守佑、王占元、何佩瑢、孙振家、刘承恩、汤芗铭、萧耀南、杜锡钧、陈嘉谟、刘佐龙、张知本、萧萱、何成浚、方本仁、夏斗寅、张群、杨永泰、卢铸、黄绍竑、陈诚、严立三、朱怀冰、王东原、万耀煌、张笃伦、朱鼎卿等。其中夏寿康于 1912 年—1913 年任民政长，1920 年—1921 年任省长；何成浚 1929 年—1932 年、1937 年—1938 年两度任省主席。

湖北第一任民政长樊增祥，字嘉父，号云门，又号樊山，晚号天琴老人，湖北恩施人。光绪进士，历任渭南知县、陕西布政使、两江总督。辛亥革命爆发后，避居上海。袁世凯执政时，官参政院参政。曾师事张之洞、李慈铭，为同光派的重要诗人，著有《樊山全集》。

▲ 图 4-38 湖北省第一任民政长樊增祥画像

湖北第二任民政长刘心源，字亚甫，号冰若，晚号龙江先生，湖北嘉鱼人。一生从政，政务之余，倾心书法、金石文字，是清末民初著名书法家、文字学家、金石学家。著名的遗墨有"夔门"刻石、桂林来风洞"风来"碑等。

▲ 图4-39 湖北省
第二任民政长刘心源

11. 国民政府军事委员会委员长武汉行营

1935 年 2 月蒋介石下令撤销"鄂豫皖三省剿匪总司令部"（汉口），在武昌成立国民政府军事委员会委员长武汉行营。3 月 2 日武汉行营成立。蒋介石在成立典礼上称行营的工作为"剿匪"、禁烟和推行新生活运动。行营主任张学良，参谋长钱大钧，秘书长杨永泰，参谋处长晏勋甫，经理处长熊仲韬，总务处长朱春霖，秘书处长吴家象，党政处长甘乃光，财政处长陈振先，陆军整理处长陈诚，政训处长贺衷寒，军法处长陈恩普。

▶ 图 4-40　1938 年 6 月后的国民政府军事委员会委员长武汉行营

第二小學校

巡道

標器街

郭家園

嶺道

馬道巷

穎坦巷

陽紙馬巷

催生堂

會嬰堂

尚書巷

冰家巷

郭家巷

東門坡街

攺家巷

高書巷

省立三小學校

服

市黨部

荊南學校

法政學校借址水

文

學道院巷

東驛巷

正坪門

永豐巷

東門

忠

忠

忠孝門

正門

公安分署

洗馬巷

豐樂公所

關帝廟巷

關帝廟

牙

街局

廠蘆

街正廟神

第九小

慧

普慧寺

正

第五章

古城涅槃　西风东渐

1861年汉口开埠对外通商，随之而来的近代新式学堂、近代西式医院以及外国教堂遍布武汉三镇。

一、新式学校、图书馆、实验馆

湖广总督张之洞将"兴学育学"作为"洋务新政"的重要举措，以"中学为体、西学为用"为指导思想，革新旧式书院，创办新式学堂，使武昌成为近代教育改革的高地。1891年—1911年，武昌兴办各级各类新式学堂120余所，其中许多新式学校的创办开全省乃至全国风气之先。民国时期，武昌教育继续执湖北教育之牛耳，造就了不同于传统士人阶层的新式知识分子群体，培养了一大批具有现代意识与专业知识的新型人才。

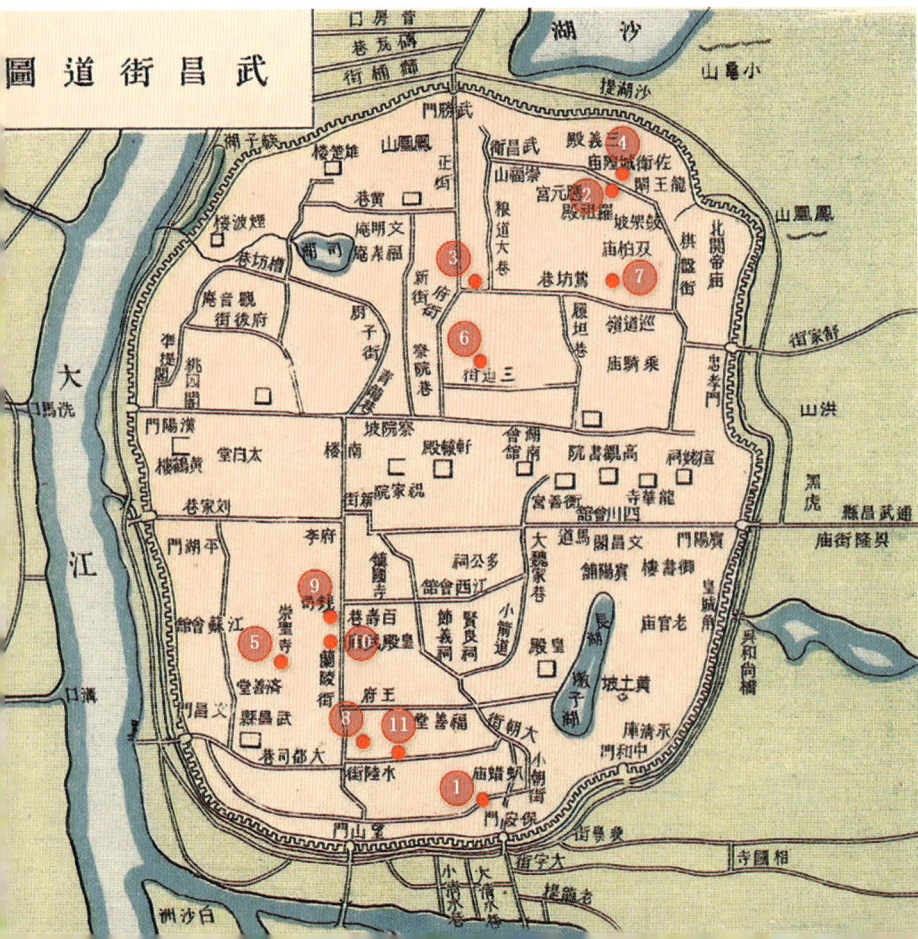

◀图5-1 武昌的新式学校、图书馆、实验馆位置图（以1917年《武昌街道图》为底图）
1. 湖北农务学堂；2. 文华公书林；3. 中华大学；4. 湖北省立第一中学；5. 湖北省立第一师范学校；6. 湖北省立武昌师范学校；7. 武汉中学；8. 武昌艺术专科学校；9. 湖北省立武昌实验小学；10. 湖北省立图书馆；11. 湖北省立公共科学实验馆

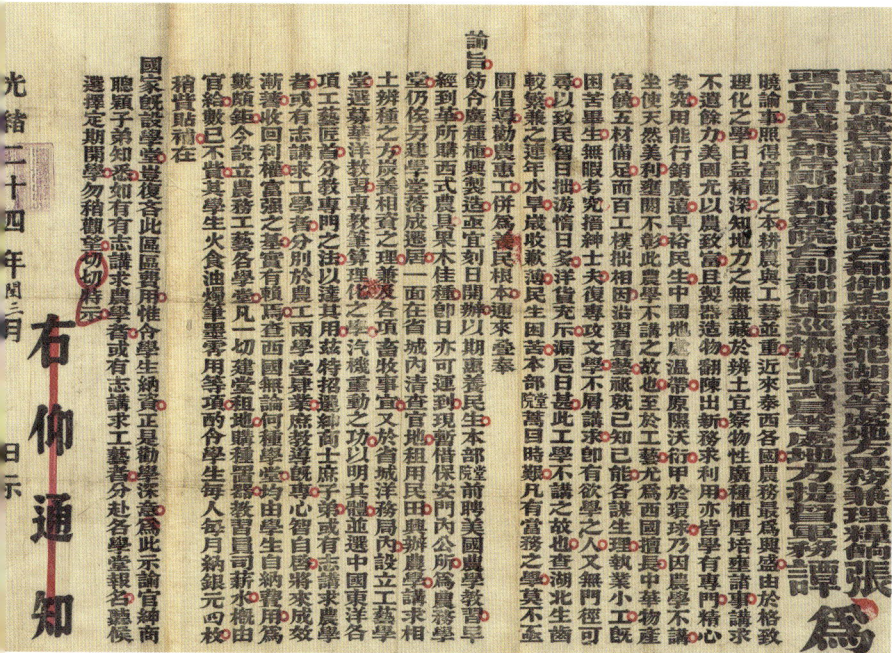

▲ 图 5-2 1898 年湖北农务学堂招生告示，提出招选绅商士人子弟，有志农学者入堂学习，研求种植畜牧之学

1. 湖北农务学堂

1898 年 4 月，张之洞上奏创办农务学堂获批，遂在武昌保安门内公所招生办学。学堂聘请两名美国农业专家作教习，指导研究农桑、畜牧之学，并从美国引进新式农具和果谷良种试耕试种。1902 年底，学堂迁至武昌城北武胜门外多宝庵，有试验田 2000 亩，分设农桑、畜牧、森林三门。年招生 120 人，以普通中学和高等小学毕业生为招收对象。1906 年改名为湖北高等农务学堂。1911 年停办。之后，在学堂原址上，湖北省立甲种农业学校、湖北省立教育学院、湖北省立农学院、华中农学院（1985 年更名为华中农业大学）等相继开办。

◀ 图 5-3 1899 年湖北农务学堂添招学生 50 名。图为该年农务学堂招收的第二届学生和洋教习校务人员合影

2. 文华公书林

1903 年，美国人韦棣华女士开始在昙华林文华书院内筹办图书阅览室，经多方筹措，文华公书林于 1910 年 5 月 16 日建成公共图书馆并顺利开馆，这是中国近代第一座新型的公共图书馆。清代以前，武昌有少数官署、书院及私家藏书，一般以藏为主，藏重于用。文华公书林面向社会开放，真正将图书馆作为一项服务大众的社会事业，意义不同凡响。至 1921 年扩建时，已拥有中文书籍 2 万多册，外文书籍 3 万多册，并成为武昌文华大学图书科教学实验基地，兴盛一时。1920 年韦棣华主持开设武昌文华大学图书科，教授近代西方图书馆学知识，1929 年改为私立武昌文华图书馆学专科学校。文华公书林虽名义上为武昌文华大学图书馆，但一直坚持对社会大众开放。20 世纪 90 年代，文华公书林大楼被拆除。

◀ 图 5-4 近代中国第一所公共图书馆——文华公书林（图片来自 20 世纪 20 年代期刊）

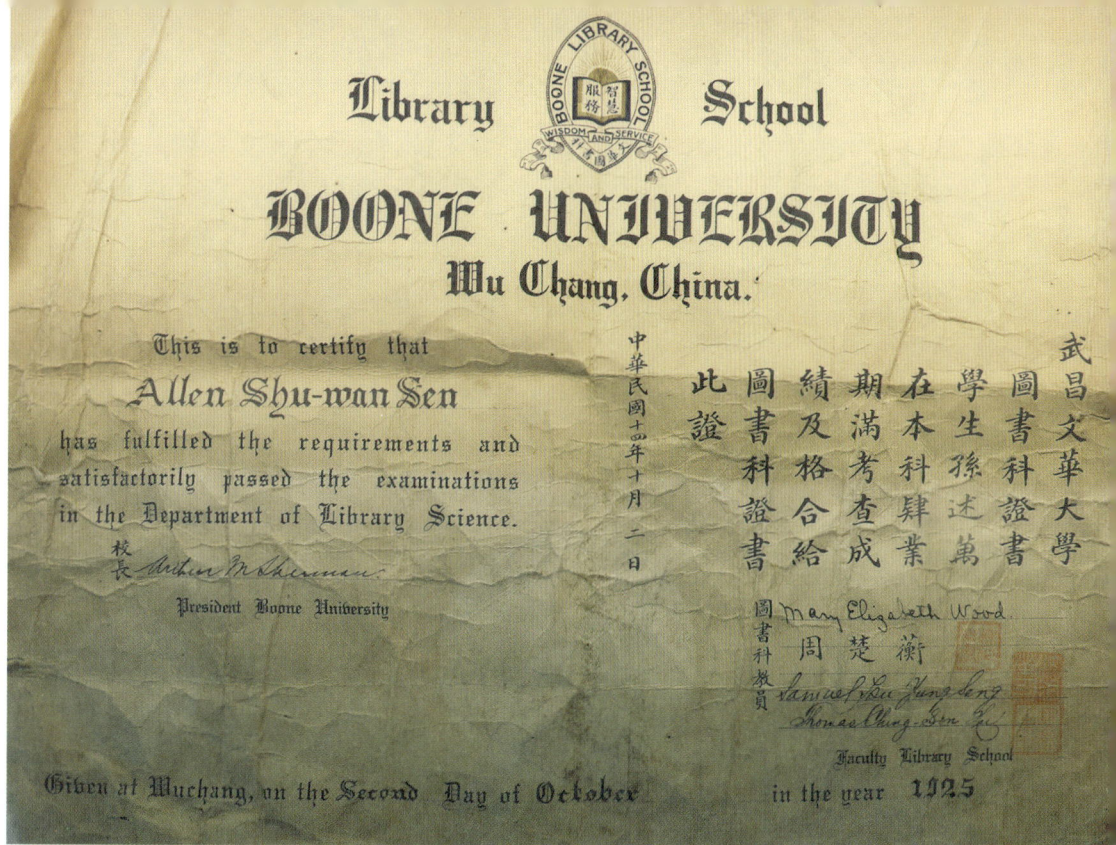

Library School

BOONE UNIVERSITY

Wu Chang, China.

This is to certify that

Allen Shu-wan Sen

has fulfilled the requirements and satisfactorily passed the examinations in the Department of Library Science.

校長 Arthur M. Sherman

President Boone University

Given at Wuchang, on the Second Day of October in the year 1925

武昌文華大學
圖書科證書

圖書科證書

學生孫述萬

在本科肄業

期滿考查成績

及格合給

圖書科證書

此證

中華民國十四年十月二日

Mary Elizabeth Wood.

圖書科教員 周楚衡

Samuel T. Y. Seu Zhung Seng

Thomas Ching-sen Hu

Faculty Library School

1925

图 5-5 1925 年武昌文华大学图书科第四期毕业生孙述万的毕业证。证书中图书科教员一栏有韦棣华（Mary Elizabeth Wood）、沈祖荣、胡庆生等的签名和印章（孙述万先生孙子孙庆力供图）

图 5-6 1921 年武昌文华大学校中学（备馆、预科）六班毕业生合影，其中大部分学生升学入武昌文华大学各科系就读。1923 年，学生孙述万（1）、杨希章（2）、皮高品（3）、曾宪三（4）、严文郁（5）、杨先得、白锡瑞七人入文华图书科第四期学习，于1925 年毕业（照片由严文郁先生次子严欣荣先生提供）

3. 私立武昌中华大学

中国近现代教育史上第一所私立综合性大学。其渊源可追溯到 1910 年陈宣恺创办的中华学堂。

1912 年 5 月 13 日，陈宣恺、陈时父子在中华学堂原址复办中华学校，开办中学教育。不久，中华学校迁入武昌粮道街，1913年更名为私立武昌中华大学，1915 年北京教育部批准其正式立案，首任校长陈宣恺，代理人陈时。

民国初年，中华大学与天津南开大学齐名，来此讲学的学者有康有为、梁启超、蔡元培、章太炎、胡适等人以及泰戈尔（印）、杜威（美）等，盛极一时。1952 年全国院系调整，学校建制被撤销，校园则被文华中学继续使用，这里依然书声琅琅、弦歌不辍。

▲ 图 5-7 陈时校长像

◀ 图 5-8 20 世纪 30 年代
私立武昌中华大学校门

4. 湖北省立第一中学

1903 年—1907 年，在丰备仓遗址创办东路小学堂、工业传习所、府中学堂。1912 年辛亥革命后，在上述三所学校校址上成立湖北省立第一中学。1938 年 4 月 1 日，国民政府军事委员会政治部三厅成立，主管抗日宣传，由郭沫若任厅长，在湖北省立第一中学校舍办公。1952 年与湖北省武昌高级中学合并，定名为湖北省武昌第一中学。1955 年，改为武汉市第十四中学。民主革命先驱者宋教仁，中国共产党的创始人董必武、陈潭秋，地质学家及教育家李四光，语言文字学家黄侃，作家黄钢、严文井等曾在此就读。

▲ 图 5-9 1914 年 4 月湖北省立第一中学主教学楼前的学生

▲ 图 5-10 1914 年 4 月湖北省立第一中学学生在旧学堂院内

5. 湖北省立第一师范学校

1913 年在两湖师范学堂（原两湖书院）旧址建立，是民初武汉地区唯一一所培养小学师资的完全中等师范学校。学校继承两湖师范的优秀学风，课程文理兼顾，注重基础，强调专业。校长张继煦、刘凤章乃湖北名儒，学识渊博，治学严谨。革命先辈董必武在此任教，教育家蔡元培、陶行知曾来校讲演，名师荟萃一堂，学术氛围浓厚，由此造就一批品学兼优的学子，如学生运动领袖陈定一、中共一大代表包惠僧、解放后武汉第一任市长吴德峰等。1927 年武汉国民政府时期，推行教育制度改革，中等学校合设，该校解散，并入湖北省立第一中学。

▲ 图 5-11 湖北省立第一师范学校旧影

6.湖北省立武昌师范学校

前身为湖北省立第一师范学校，1927年并入湖北省立第一中学，成为师范科。1929年初，湖北省教育厅为重建省师，以省立第一中学师范科为基础成立湖北省立师范学校，校址设在武昌三道街原经心书院。1935年改称湖北省立武昌师范学校。学校开设基础课程及教育专业课，教风扎实，治学严谨，在全省有关竞赛和会考中，学生成绩常常名列前茅。"九一八"事变后，抗日救亡运动兴起，学校学生率先响应，组织抗日救国会，上街游行集会，声讨日寇侵略行径。1949年后，并入湖北省教育学院附属师范学校，下分普通师范、幼儿师范、艺术师范和社会师范。1950年，撤销社会师范，将其他三部分独立建校，普通师范定为湖北省实验师范学校。1972年又改为武汉第二师范学校。

▲ 图5-12 1948年湖北省立武昌师范学校社会师范科全体同学毕业留影

7. 武汉中学

1920 年 3 月，董必武等在武昌涵三宫开办私立武汉中学。董必武为校董事之一，主持校务工作。董必武定下"朴诚勇毅"的校训，坚持德育为先，倡导新式教育，并邀请陈潭秋、陈荫林、刘子通、黄负生、李汉俊等先进知识分子来校授课。1920 年 11 月，董必武和陈潭秋在校内建立社会主义青年团，开展青年工作及学生运动。在董必武等人主导下，武汉中学不仅成为传播新文化、新知识的场所，更是宣传马克思主义、播撒革命火种的基地，培养了黄麻起义总指挥潘忠汝等革命骨干。大革命失败后，武汉中学于 1928 年初被桂系军阀查封。武汉中学旧址（今粮道街 279 号）校门现保存完好。

▼ **图 5-13 武汉中学旧址**

8. 武昌艺术专科学校

1920 年 4 月，蒋兰圃、唐义精、徐子珩等在武昌芝麻岭创办武昌美术学校，以阐扬文化、发展美育为办学宗旨，迈出湖北近代美术的第一步。1923 年 8 月，武昌美术学校增设专门部本科，改称"武昌美术专门学校"，开创华中地区高等艺术教育之先河。1926 年，武昌美术专门学校迁入武昌水陆街歌笛湖畔新校园，"石柱崇楼，恢宏壮丽，几为武汉各校之冠"。1930 年改为"私立武昌艺术专科学校"，融中西艺术教育于一体，发展为一所国内卓有影响的高等艺术学府。1949 年夏，武昌艺专由中原大学接管，其文化血脉在今湖北美术学院与武汉音乐学院中传承下来。

▲ 图 5-14 武昌美术专门学校校门旧影

9. 湖北省立武昌实验小学

创办于 1928 年 3 月。1930 年秋，改为湖北省立武昌实验学校。1938 年武汉沦陷，学校西迁鄂西，1945 年 11 月迁回武昌，在湖北省立武昌第五小学旧址复课，并改名湖北省立武昌实验小学。武汉解放后，定名为湖北省武昌实验小学（在今解放路 259 号）。

▲ 图 5-15 1948 年 7 月，湖北省立武昌实验小学第五届毕业师生合影。校舍上方挂着"忠孝 仁爱 信义 和平"牌匾

10. 湖北省立图书馆

　　1904年，湖北省图书馆在武昌兰陵街成立（后迁博文书院），成为中国最早创办的省级公共图书馆。1927年，馆内附设革命文化图书馆，面向社会开放。1936年迁入武昌蛇山南麓（今武珞路45号）落成的宫殿式新馆舍。抗战全面爆发后，曾作为国民政府军事委员会驻地，成为指挥武汉抗战的军事中心。图书馆内图书卷帙浩繁，精品众多，著名藏书家杨守敬、徐行可等人捐献的典籍也珍藏于此，享有"楚天智海"之美誉。1950年改名湖北省立人民图书馆，1951年改称中南图书馆，1954年定名为湖北省图书馆。

◀ 图5-16 20世纪20年代位于武昌兰陵街的湖北省立图书馆大门

▲ 图5-17 1936年迁至武昌蛇山南麓的湖北省立图书馆新馆

11. 湖北省立公共科学实验馆

坐落于武昌水陆街，1930年7月开馆。分为物理、化学、生物三部，每部设两个实验室，配置各种仪器和模型标本，除提供私人研究外，专门面向武汉各校高中学生开放理化、博物学科实验，大力提倡科学教育之风，激发学生学习科学的兴趣。至1934年，每周来馆参加实验者达50余班2000余人。1935年3月，该馆又成立一所科学图书室，专供来馆实验的教员、学生及个人研究者阅览之用。1942年，省立公共科学实验馆与鄂西科学馆合并，在恩施成立湖北省科学馆，并于1946年5月迁回武汉。1950年，湖北省地质调查所在湖北省科学馆基础上成立。

▲ 图5-18 1934年湖北省立公共科学实验馆全体职员合影

▲ 图5-19 1934年湖北省立公共科学实验馆化学部学生在做实

二、教会学校

　　美国圣公会 1871 年在武昌创办的文华书院，与英国循道公会 1885 年在武昌开办的博文书院和英国伦敦会 1889 年在汉口创办的博学书院，并称为武汉地区三大教会学校。武昌布伦女子学校（圣希理达女子学校）为武汉最早的女子学校。教会学校重视实用之学，特别是西方科学技术的教育，强调发挥学生主动性，智育与体育并重，教育理念先进，教学方法开放，成为近代武昌新式教育的一支重要力量。

▶ 图 5-20 武昌的教会学校位置图（以 1930 年《新武昌市实测详图》为底图）
1. 文华书院；2. 圣希理达女子学校；
3. 博文书院

1. 文华书院

1871 年美国圣公会韦廉臣主教在武昌青龙巷横街头创建男童学校，英文名为 "The Boone Memorial School"（布氏纪念学校），为纪念美国圣公会首位来华传教士文惠廉（Wiliam Jones Boone）主教。1873 年起称文华书院。这是武汉第一所由外国教会创办的学校。1890 年起，文华书院率先被改造为欧美式普通教育学校。1903 年文华书院设大学部，1909 年在美国注册正式改为文华大学。1953 年文华大学院系调整，文科并入华中师范学院，图书科并入武汉大学。

▲ 图 5-21 1880 年前后位于武昌昙华林的文华书院校区，最右侧为昙华林街

◀ 图5-22 文华
大学教学楼多玛堂

▶ 图5-23 1917年
4月，文华学生铜管
乐队正在校内排练，
墙饰华美的建筑是文
华大学思殷堂

2. 圣希理达女子学校

于 1874 年由美国基督教圣公会创办，校址在武昌鼓架坡，初名布伦女子学校，开武汉近代女子学校之先声。1899 年易名为圣希理达女子学校。1912 年迁往小东门外舒家街（今武汉市第二十五中学校址），新建教学楼。1928 年，该女校成为拥有初级高等中学的完全中学。民国年间，"希理达，配文华，不要媒人自由嫁"的俗语流行一时。1952 年由湖北省教育厅接管，更名为湖北省立第三女子中学。1954 年划归武汉市教育局，改名为武汉市第二十五中学。原礼拜堂、教员宿舍、健身房等老建筑仍完好保存，承载着圣希理达女子学校的百年记忆。

▲ 图 5-24 圣希理达女子学校学生早操

▶ 图 5-25 1919 年圣希理达女子学校校舍

3. 博文书院

　　1885 年，英国基督教循道会在武昌兰陵街西湖边开办博文书院。1908 年张之洞为扩建湖北省图书馆，用大东门外官地与其置换，博文书院在新校址重建。1928 年更名为武昌博文中学。学制为 6 年，初中 3 年，高中 3 年。开设数学、物理、化学、天文、地理、自然科学等课程，尤其注重数学和英语教学，并有童子军的训练。1952 年，改为武汉市第十五中学。陈独秀、董必武到校做过报告；陈立、张国藩、涂长望、吴醒夫等科学家曾求学于此。

◀ 图 5-26　1937 年
武昌博文中学校园

▶ 图 5-27　1937 年武昌
博文中学教职员合影

三、教会医院

汉口开埠后，为了借行医传教加强传道的影响力，基督教美国圣公会和英国伦敦会在武昌相继开办了同仁医院和仁济医院，引入了西方的科学知识，推动了西方医学在武昌的传播和发展。

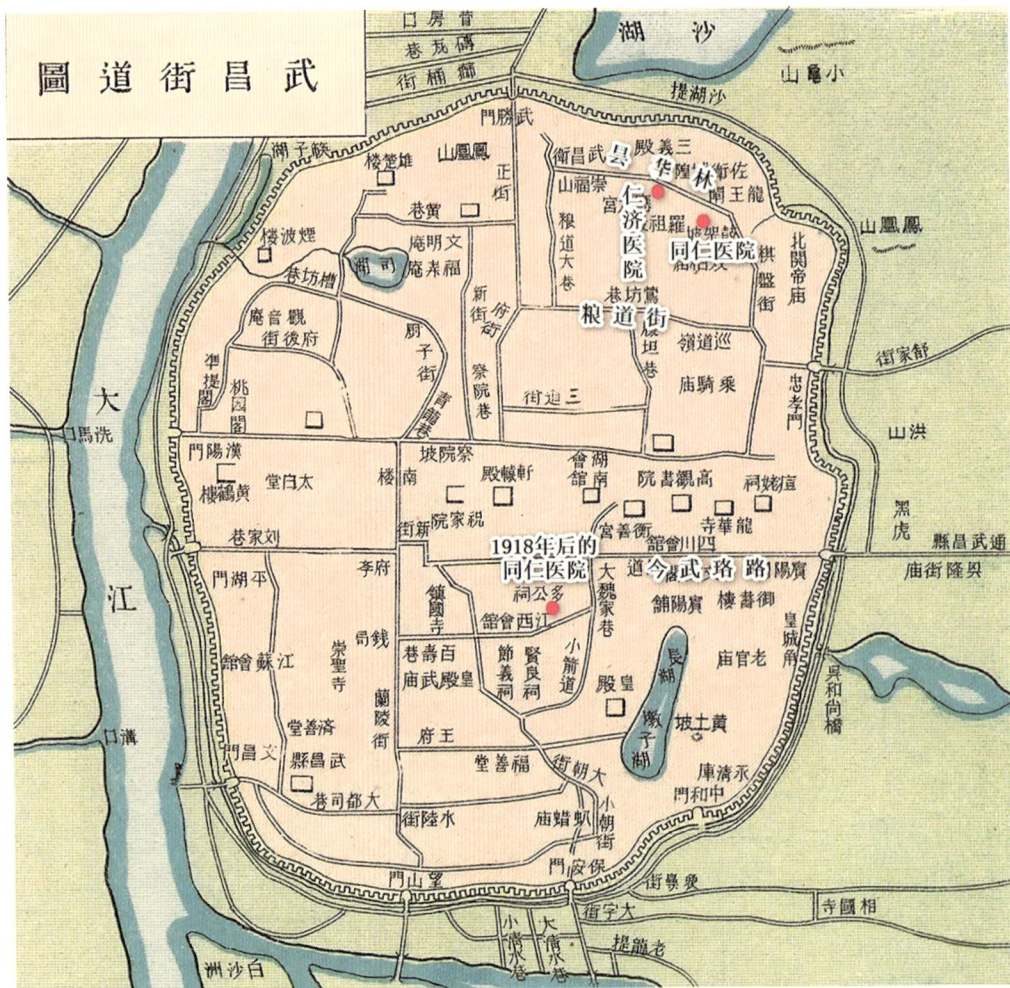

▲ 图 5-28 武昌的教会医院（以 1917 年《武昌街道图》为底图）
1. 仁济医院；2. 同仁医院

1. 同仁医院

1868 年，美国基督教圣公会派美籍医生彭勤来武昌借医传教。1875 年 1 月，在府街口（今青龙巷小学）设会所，创办了武昌圣彼得医院，设病床 10 张。1891 年迁至武昌昙华林，类似校办医院。武昌起义爆发后，医院成立红十字会，积极救治起义军伤员和百姓。为表答谢，1912 年黎元洪将武昌平阅路（今彭刘杨路）原清朝贵族的一座大花园多公祠，奖给了圣彼得医院作新院址。1918 年新院落成，名为"圣公会同仁医院"。该院最初分男女两院，1927 年两院合并，设病床 200 余张，并开办护士班和助产班。1951 年改为武汉市第一工人医院。1958 年更名为武汉市第三医院。2001 年又改称武汉大学医学院同仁医院。

◀ 图 5-29 1900 年设于武昌昙华林文华书院校园内的武昌圣彼得医院早期建筑，中式建筑风格，飞檐翘角

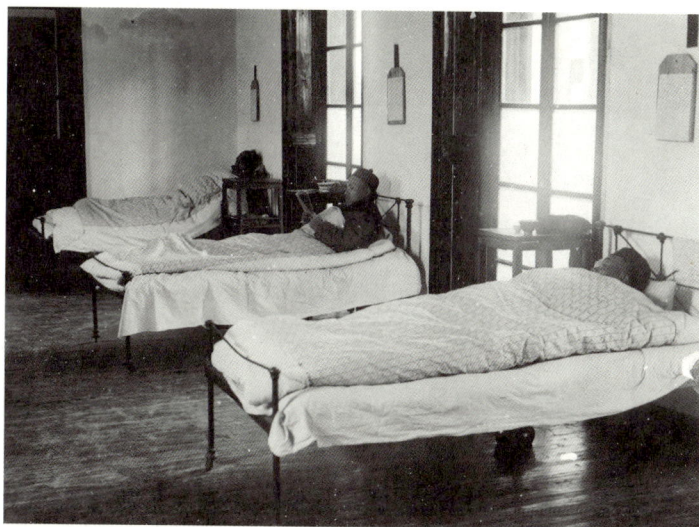

▶ 图 5-30 1900 年武昌圣彼得医院男病房

▲ 图 5-31 在武昌平阅路新建的同仁医院，以中轴对称分布，一边男院，一边女院

▲ 图 5-32 民国年间同仁医院的女院

2. 仁济医院

　　1868 年，英国基督教伦敦会的杨格非牧师在昙华林创办武昌仁济医院，1880年开办武昌仁济女医院。1895 年，医院进行大规模扩建，兴建西式古典风格院舍。仁济医院以仁爱济世为宗旨，除日常面向平民诊疗外，1911 年在辛亥阳夏战争中救治受伤的起义军和市民；1931 年武汉水灾，英国伦敦会曾在院内设武昌赈灾指挥部，组织募捐及救济灾民。1953 年被武汉市卫生局接管，一部分合并于市工人医院。历经 120 多年风雨，仁济医院主楼和附楼旧貌如初，是武汉不可多得的保存完好的近代早期西医院。现为湖北省中医学院附属医院。

▲ 图 5-33 英国基督教伦敦会在武昌昙华林创设的仁济医院，位于今昙华林胭脂路路口。图为 1900 年仁济医院（景中有外廊的两层建筑）

▲ 图 5-34 1930 年武昌仁济医院医护人员合影

四、外国教堂

　　武昌大堤口天主教教堂是武汉地区最早的教堂，清道光皇帝于 1846 年 2 月发布上谕解除康熙帝以来 120 多年的禁西教政策后，次年大堤口已有教堂行封立主教活动。汉口开埠后，更多西方教会和传教士纷至沓来，在武昌建设了一批教堂。1864 年由英国基督教伦敦会传教士杨格非创建的崇真堂，是武昌地区现存最早的教堂。20 世纪初至抗日战争前，为武昌教堂建造发展较快时期，圣米迦勒堂、生命堂、圣安德烈堂、基督教青年会武昌堂等纷纷应运而生。这些教堂建筑风格不一，希腊式、哥特式、北欧风格乃至中式等异彩纷呈，在武汉近代建筑史上留下了绚丽的一页。

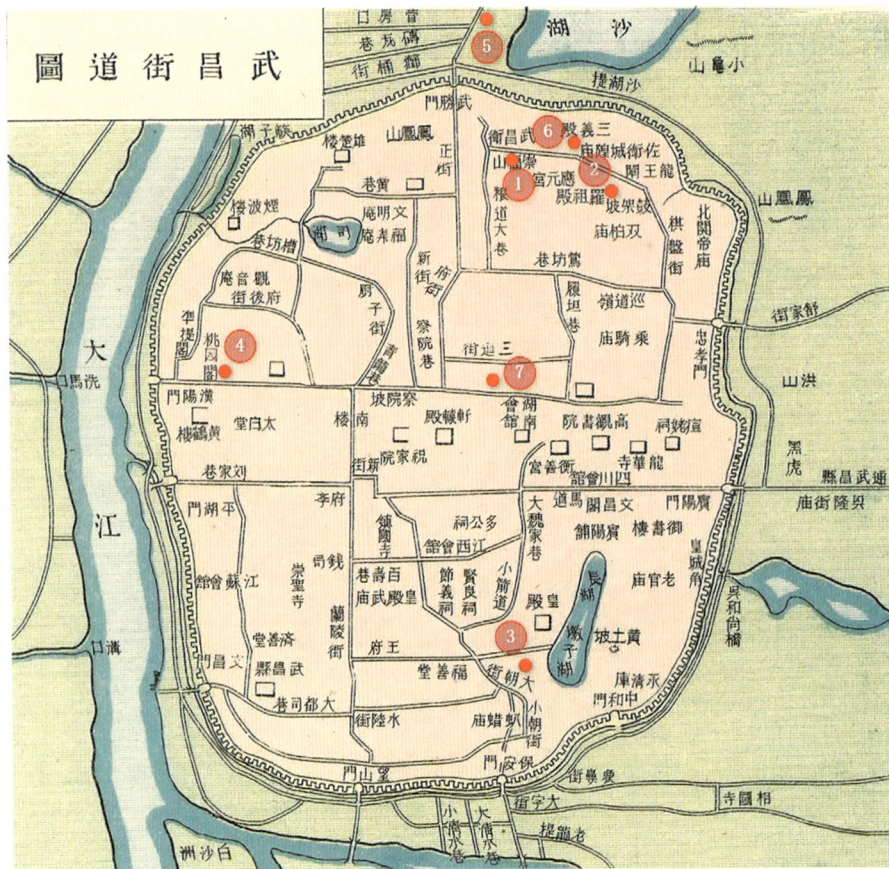

◀ 图 5-35 武昌的外国教堂位置图（以 1917 年《武昌街道图》为底图）
1.崇真堂；2.圣诞堂；3.圣米迦勒堂；4.生命堂；5.圣安德烈堂；6.瑞典教区；7.基督教青年会武昌堂

1. 崇真堂

1864 年，英国基督教伦敦会传教士杨格非在武昌戈甲营创建的崇真堂，是武昌地区现存最早的教堂。教堂为单层砖木结构，平面为拉丁十字形，主立面对称构图，尖券形门窗，红瓦坡屋面，具有哥特式风格，教堂可容纳 200 多人做礼拜。伦敦会为最早进入华中地区的基督教会，1958 年教会停止活动，崇真堂被工厂等单位占用。1979 年，教堂和附属房屋（包括牧师楼及花园）按政策全部归还教会。2000 年，教堂内外修缮一新，恢复宗教活动。

▲ 图 5-36 武昌基督教崇真堂，远处重檐歇山顶建筑为武胜门城楼

2.圣诞堂

1870年12月25日，基督教美国圣公会在武昌县华林建圣诞堂。该堂建筑面积为533平方米，三面环绕的外廊立柱，仿照古希腊围廊式神庙建筑风格。该堂曾作为文华书院、文华大学、华中大学的校园礼拜堂，也是武汉市教会学校坚持教会礼仪时间最长的一座教堂。自建成之日起到1951年止，前后举行80年宗教礼拜仪式。辛亥革命期间，日知会主要成员刘静庵、余日章、张纯一等在此宣传反清革命思想。1906年，由张纯一作词、余日章作曲的《学生军军歌》就诞生于此。

◀ 图5-37 1897年如希腊神庙般的圣诞堂

▶ 图5-38 1897年文华大学圣诞堂内景

3. 圣米迦勒堂

基督教美国圣公会于 1918 年在武昌歌笛湖东南兴建圣米迦勒堂。该堂为典型的哥特式建筑风格，两层砖木结构，平面布局呈拉丁十字形。正立面高耸挺拔，门窗均为尖券拱，红瓦双坡屋顶。二层为礼拜大厅，可容纳数百人，顶部有钢木混合桁架。抗美援朝期间，教堂作为美国资产被没收。1988 年后落实宗教政策，归还部分教产。该堂在复兴路上，今已修缮如新。

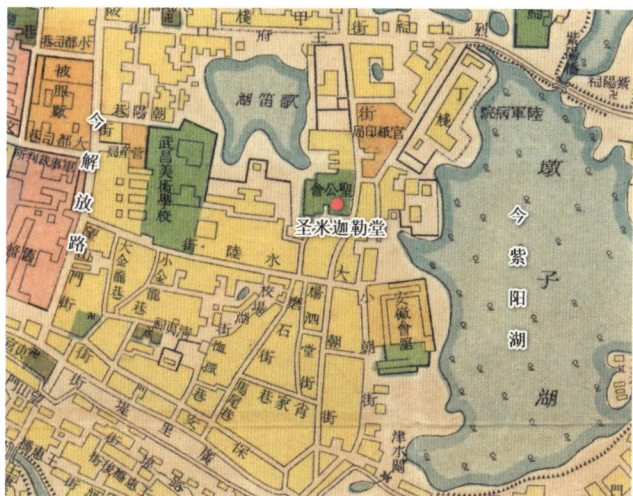

▲ 图 5-39 1930 年《新武昌市实测详图》上的圣米迦勒堂

▶ 图 5-40 圣米迦勒堂礼拜大厅

4.生命堂

1890 年 12 月 25 日，瑞典行道会差派的传教牧师韩宗盛等 4 人抵达昙华林，开始在湖北的传教活动。其总会设在武昌，辖管省内沙市、黄冈、麻城、浠水、监利五个区会。1918 年，在武昌汉阳门正街建生命堂为中心教堂，教堂为两层砖木结构。武汉市在 1958 年实行基督教各教派联合礼拜后，该堂是江南武昌片区唯一开展宗教活动的联合礼拜教堂，20 世纪 60 年代部分建筑被拆毁，90 年代被拆除。

▶ 图 5-41 瑞典行道会建于武昌汉阳门正街的生命堂

5. 圣安德烈堂

20 世纪 20 年代，基督教美国圣公会在武昌武胜门外正街（今和平大道）兴建圣安德烈堂。该堂为重檐庑殿顶中式建筑风格，壮观华美。1949 年后很长时间为积玉桥小学使用。今无存。

▼ 图 5-42　1937 年圣安德烈堂外观

6. 瑞典教区

瑞典教区旧址位于武昌昙华林中部，是基督教瑞典行道会于 1890 年建在武昌的传教基地。教区内建有主教楼、教堂、神学院等北欧风情建筑，并开办学校，成为瑞典行道总会华中总会所在地。整个建筑群依山就势，布局灵活，环境幽雅。现在这里仍保存着主教公署、瑞典领事馆及神职人员用房、育孤院、真理中学老斋舍等一大批老建筑。

▲ 图 5-43 1911 年从蛇山上向武昌城东北方向俯瞰，远景为花园山天主教圣家堂和城山南坡的瑞典教区建筑群

▶ 图 5-44 建在昙华林中段的瑞典教区牧师楼。北欧风格建筑，两层砖木结构，外柱廊采用券拱式，大坡度屋顶，屋面老虎窗（20 世纪 20 年代摄）

◀ 图 5-45 1920 年基督教瑞典行道会昙华林教区教徒合影

7. 基督教青年会

　　武昌基督教青年会创办于 1912 年 6 月，由黎元洪捐资 2000 元购得武昌三道街一栋旧式公馆作为会所。后由美国木材商人罗伯特·戴尔（Robert Dollar）捐助美金 5 万元，于 1921 年改建成西式青年会大楼，即今民主路基督教武昌堂。大楼为三层砖木结构，以青砖砌清水外墙，红瓦四坡屋面。青年会里设置有图书馆、健身场、台球室等年轻人喜爱的设施，会员人数众多。武昌为当时教会学校集中之地，因而向学生传教曾是该会重要工作。现仍然为基督教堂及中南神学院使用。

▲ 图 5-46　1921 年 6 月 26 日武昌基督教青年会大楼落成仪式

◀ 图 5-47　1922 年的武昌基督教青年会大楼

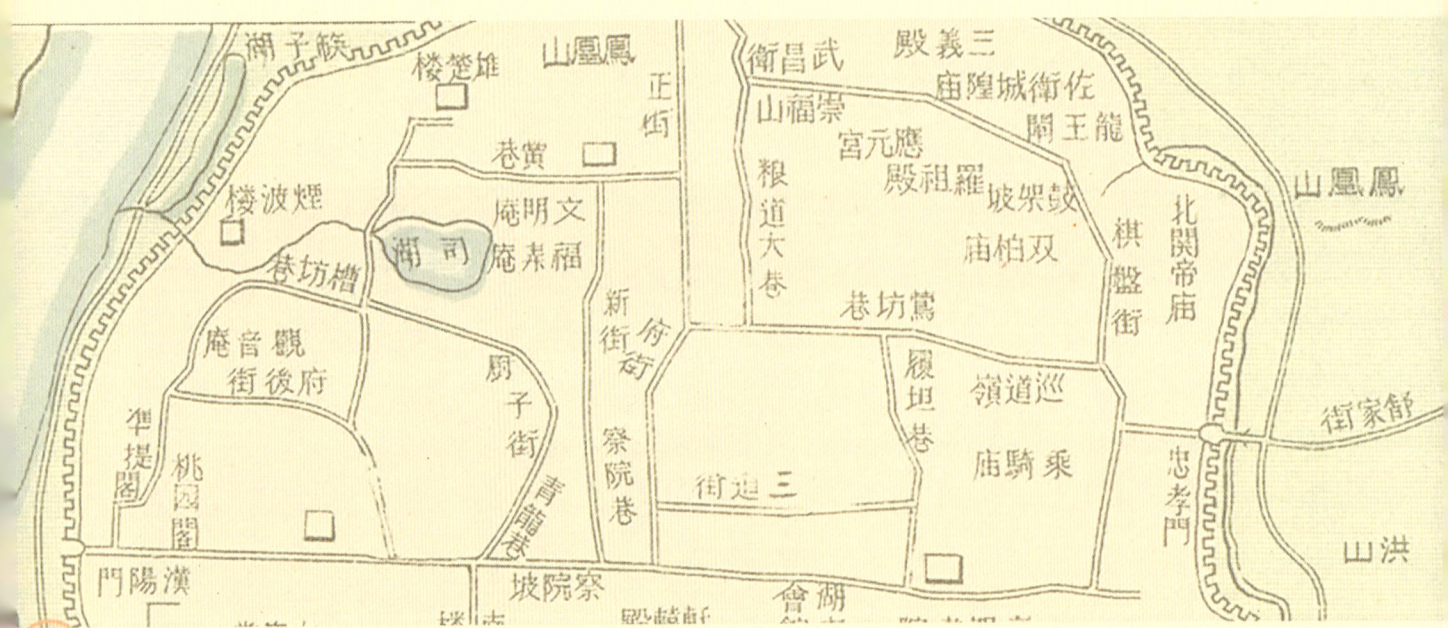

第六章

实业救亡　洋务有成

一、官办工厂

19世纪中后期，为了挽救清王朝的统治，清政府内有识之士展开了一场影响深远的洋务运动。在这场轰轰烈烈的运动中，湖广总督张之洞推行"湖北新政"，提倡实业救国，在武汉大力举办近代工业。

从1890年开始，张之洞在武昌先后创办"布纱丝麻四局"，以及湖北毡呢厂、湖北工艺学堂、湖北银元局、湖北铜币局、白沙洲造纸厂、武昌制革厂、模范大工厂等官办企业，还在汉阳创办钢铁厂和兵工厂。

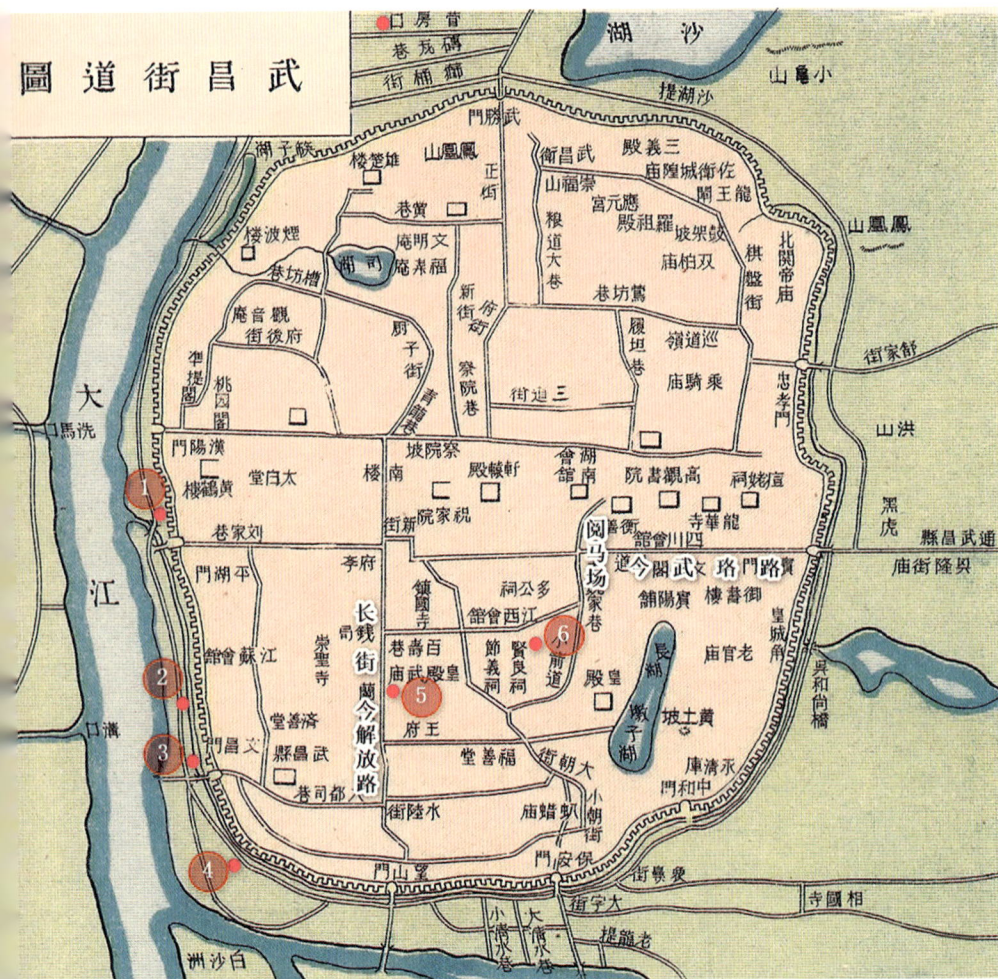

◀ 图6-1 武昌的官办工厂位置图（以1917年《武昌街道图》为底图）
1. 织麻局；2. 织布局；
3. 纺纱局；4. 缫丝局；
5. 劝业场；6. 钱币厂

表 6-1　1890 年—1912 年张之洞在武昌兴办的工厂一览表

开办年份	厂名	厂址	开办资本（银两）	职工人数（人）
1891	湖北织布官局	文昌门外	130 万	2000
1893	湖北银元局	三佛阁街	4 万	
1894	湖北纺纱官局	文昌门外	4 万余	1500
1894	湖北缫丝官局	望山门外	110 万	470
1897	湖北官钱局	望山门外		
1898	湖北制麻官局	平湖门外	20 万	453
1902	湖北铜币局	三佛阁街	20 万	
1904	湖北工业学堂附属工厂	武昌		
1905	工业传习所	昙华林		
1907	湖北武昌制革厂	南湖	5 万	164
1907	铁路机车厂	武昌		
1907	模范大工厂	兰陵街	19 万	1800
1907	白沙洲造纸厂	白沙洲	50 万	
1908	湖北毡呢厂	武胜门外下新河	官股 30 万	246

▶ 图 6-2 烟囱处为清末武昌布、纱、丝、麻四局，其中最近烟囱处为制麻局

1. 湖北织布官局

1889 年，张之洞调任湖广总督，移广东织布局至武汉，取名"湖北织布官局"。官局位于武昌文昌门外江边，占地约 10.3 万平方米，1890 年 12 月动工，1892 年厂房建成。该局投产初期，获利颇丰。后因张之洞挪用利润补贴铁厂、枪炮厂之经费，加之管理不善，成本过高，织布官局经营每况愈下，亏损严重。1902 年后，由应昌、大维等公司承办。大门两侧楹联"布衣兴国　蓝缕开疆"为张之洞所题。

▲ 图 6-3 湖北织布官局大门

2. 湖北纺纱官局

湖北纺纱官局即武昌纺纱局，1894 年由张之洞创办于武昌文昌门外。初建时采取官商合办，厂房分建南、北两厂。投产后日产纱 1.2 万磅。1898 年春经营甚旺，随后因资金紧张，产品积压，只能勉强维持。1902 年招商承租。

� 图 6-4 湖北布纱丝麻四局所用粗纺机

▲ 图 6-5 湖北布纱丝麻四局所用细纱机

▲ 图 6-6 湖北布纱丝麻四局所用并条机

　　"武昌纺纱局地界"碑，长1.96米、宽0.39米、厚0.16米，碑面中刻有"武昌纺纱局地界"7字，右上首刻有"墙外余地五尺让作街道"一行小字，字迹清晰。是张之洞创办"湖北四局"的物证之一。

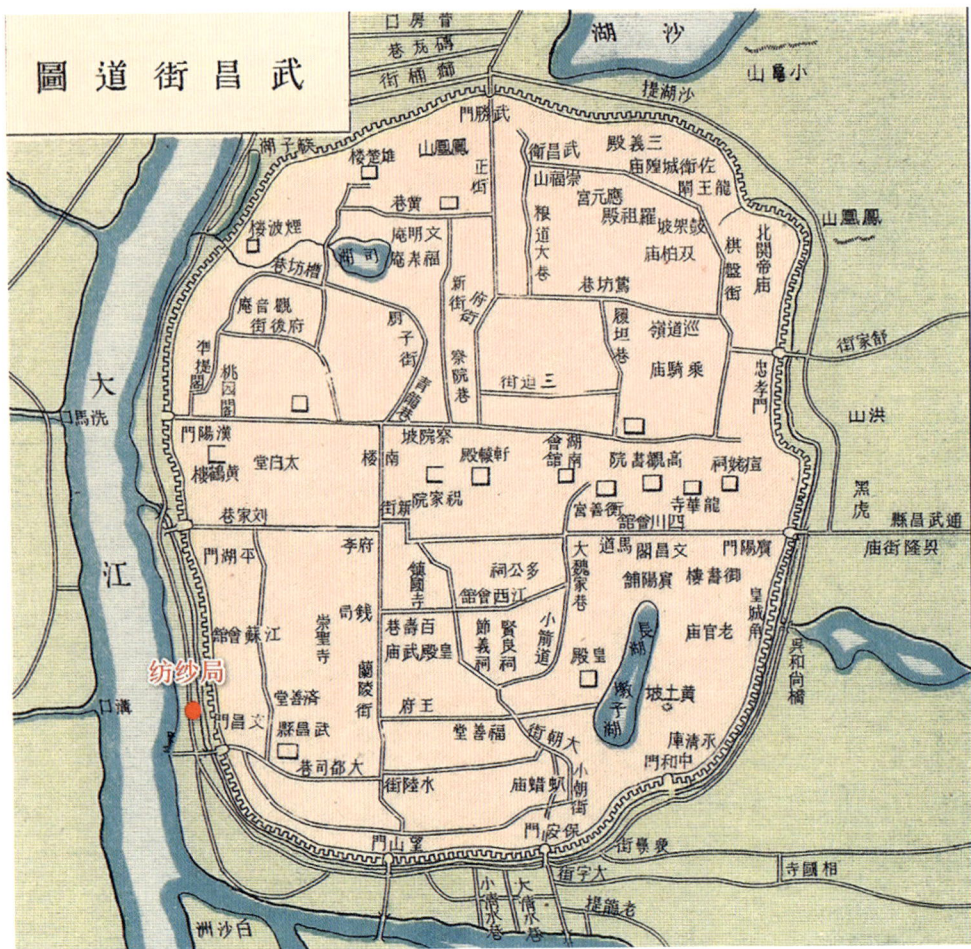

▶ 图6-7 2003 年出土于武昌造船厂区内的"武昌纺纱局地界"碑地点示意图（以 1917 年《武昌街道图》为底图）

3. 湖北缫丝官局

1894年，张之洞上奏清廷请求开设缫丝局，1895年建成开工。厂址在武昌望山门外。该局有缫丝机200盒，职工300人，每日出上等丝15余千克，普通丝40—45千克。缫丝局仅经营八年，后与布局、纱局及麻局一起招商承租。大门两侧楹联"珍逾鲛室 利溥蚕乡"为张之洞所题。

▲ 图6-8 武昌望山门外之湖北缫丝官局

4. 湖北制麻官局

1894 年, 张之洞奏请创办湖北制麻官局。该局于 1897 年开建, 1902 年尚未建成, 即与其他三局一起招商承办。1906 年投产, 有职工 453 人。制麻局分一、二两厂, 每日产麻纱最高达 150 千克, 织物平均每日出 500 米。武汉沦陷前夕, 举厂迁往四川万县, 易名湖北省建设厅万县麻织厂。湖北制麻局厂址在武昌平湖门外(今武昌平湖门水厂), 占地约 3 万平方米。

▲ 图 6-9 1909 年武汉第一次劝业奖进会在武昌平湖门外举办。图为会场入口处辕门, 不远处可以看见湖北制麻局的烟囱

5. 湖北银元局

湖北银元局创办于 1893 年，地址在武昌三佛阁街。该局在张之洞主持下，从外国购置机器设备,招聘外国工程师。1894 年，银元局开始铸造 7 钱 2 分、3 钱 6 分等五种大小银币，每日可铸银 5000 两。1904 年，改铸 1 两、5 钱等大小 4 种银币。湖北银元局所造银元含银量高，制作精良，畅行江浙各省。1915 年，湖北银元局停止营业。

▲ 图 6-10 湖北银元局铸 7 钱 2 分龙纹银币

▲ 图 6-11 湖北铜币局铸龙纹当十铜钱

6. 湖北铜币局

1902 年，张之洞将原湖北铸钱局即湖北银元局新厂，改称为湖北铜币局，专门铸造铜元，并委任候补知府高松如为湖北铜币局提调。湖北铜币局厂址在银元局东边宝武局旧址处。铜币局规模之大，为各省之冠。产量最多时可日出 4 百万枚。

1910 年，湖北银元局被收归清政府度支部，与铜币局合并，称为武昌造币分厂。1912 年归还给湖北都督府管辖，更名为武昌造币厂。1914 年，隶属于北洋政府财政部，更名为财政部武昌造币分厂，1919 年又改为财政部武昌造币厂。1937 年 3 月，国民政府财政部命令成立中央造币厂武昌分厂，同年 8 月 25 日，中央造币厂接管武昌厂。厂址在今武昌彭刘杨路 232 号。

▲ 图 6-12 中央造币厂武昌分厂大门

◀ 图 6-13 中央造币厂武昌分厂金属材料分析室和造版室

▶ 图6-14 中央造币厂武昌分厂造币锻压机

◀图6-15 中央造币厂武昌分厂铸造的孙中山像20分镍币（来源：雷鹏主编《武汉工业百年》）

二、民营企业

武昌官办工业的勃兴催生了民营企业的建设热潮，一时武昌耀华玻璃厂、武昌第一纱厂、武昌裕华纱厂、武昌震寰纱厂、曹祥泰皮革厂、曹祥泰肥皂厂等层见迭出，武昌工业蒸蒸日上。到 1920 年后期，逐渐形成以纺织为主、其他门类为辅的武昌纺织工业基地。

1. 武昌第一纱厂

民国初期，时任汉口商务总理的李紫云，邀约巨商程栋臣、程佛澜兄弟等人合股创建武昌第一纱厂，全称为"商办汉口第一纺织股份有限公司"。1915 年，武昌第一纱厂（北场）破土动工，1919 年投产。其规模为纱机 45000 锭、布机 600 台。1923 年增建南场。设纺、织两厂，拥有纱锭 8 万枚，布机 1200 台，工人上千名，成为当时华中最大的纺织厂。1970 年改名为"武汉第六棉纺织厂"。

▲ 图 6-16 20 世纪 30 年代的武昌第一纱厂

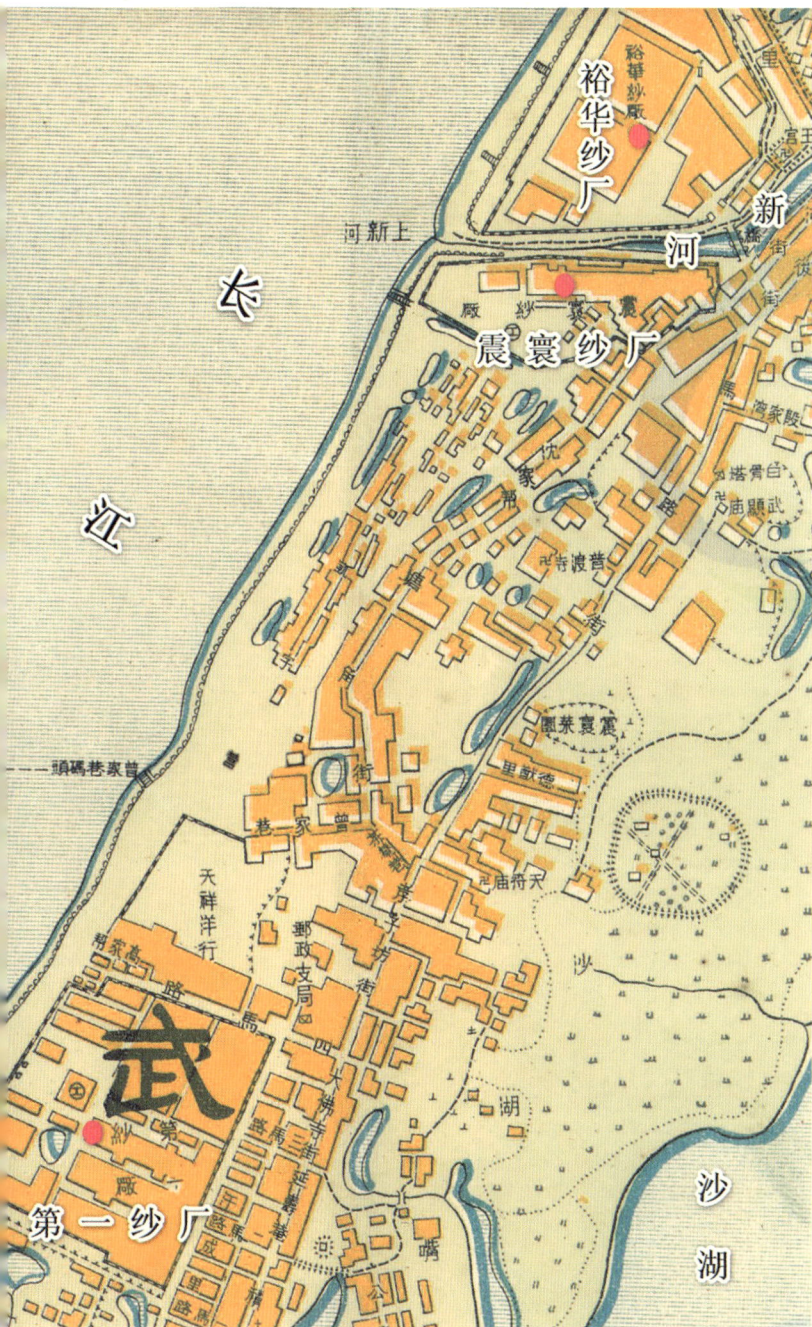

图 6-17 武昌的三大民营纺织企业位置图（以 1937 年《武汉市街道图》为底图）

▲ 图 6-18 1931 年大水中的武昌第一纱厂

▲ 图 6-19 武昌第一纱厂钟楼

2. 裕华纺织股份公司

　　裕华纺织股份有限公司及武昌裕华纱厂于 1921 年筹建，1922 年竣工，其前身是楚兴公司。"武昌四局"因经营不善，长期处于亏损状态，无奈之下政府只得招商承办。1913 年起由楚兴公司承租，获利颇丰，因此，招人眼红夺厂。1922 年，股东徐荣廷、张松樵、苏汰馀等人在武昌上新河长江边购置地皮建起武昌裕华纱厂，后与大兴、大华纺织公司等一起形成裕大华公司。抗日战争期间，裕华纱厂西迁重庆，成立重庆裕华纱厂。1945 年抗战胜利后，回迁武汉。1957 年 9 月 6 日，毛泽东主席视察武昌裕华纱厂，1966 年武昌裕华纱厂改制为全民所有制企业，更名为武汉国营第四棉纺织厂。1993 年，武汉国营第四棉纺织厂实施股份制改造，成立武汉裕大华实业股份有限公司。

◀ 图 6-20 从长江上看裕华纱厂

裕华纱厂股东苏汰馀，四川巴县（今重庆市渝中区）人。爱国民族实业家、中国纺织业巨子。1922年，参与组建裕华公司，创立"裕大华"纺织系统，1929年任裕华公司董事长，抗战全面爆发后将裕华

▲ 图6-21 武汉国营第四棉纺织厂大门

▲ 图6-22 裕华纱厂董事长苏汰馀肖像

纱厂迁往重庆。曾任湖北省商会会长、华商纱厂联合会湖北分会主席、迁川工厂联合会理事、中国全国工业协会理事、中国国货厂商联合会监事等职。

▲ 图6-23 1947年裕华纺织公司回武汉恢复办厂的职工与渝厂职工合影

3.武昌震寰纱厂

武昌震寰纱厂由刘季五等人于 1919 年创办，1922 年 5 月正式开工。厂址在武昌上新河口，与裕华纱厂隔河相对。震寰纱厂筹备伊始因向安利洋行订购机器设备而受到英商安利洋行敲诈盘剥，错过了中国纺织工业繁荣的黄金期，后又连遭苛捐杂税、大水、棉价提高、日纱倾销等天灾人祸的打击，于 1933 年 5 月停工。1935 年，震寰与常州大成纱厂合作复工，更名为"武昌大成纺织染织厂"。1936年开工生产，后来刘季五将纱厂交由次子刘梅生管理。1950 年 8 月 1 日公私合营，更名为武汉市国营第五棉纺厂（简称武汉国棉五厂）。

▼ **图 6-24 武汉市国营第五棉纺厂大门近照**

▶ 图 6-25 1961年端午节武汉震寰纱厂高速二组员工合影留念

▲ 图 6-26 震寰纱厂的棉纱商标——十全图

▲ 图 6-27 武汉国棉五厂"福禄牌"商标图

4. 曹祥泰肥皂厂

清光绪十年（1884 年），武昌人曹南山用卖蚕豆所得在武昌后长街的新街口开设"曹祥泰"杂货店，经营水果、干果、杂货、炒坊，后来又经销大米、五金、铁器、肥皂等。1915 年，曹南山次子曹琴萱在武昌都府堤（今中华路）正式创办祥泰肥皂厂。1917 年在汉口龙王庙开办曹祥泰西号，同时作为祥泰肥皂厂总管理处和发行所。祥泰肥皂厂创办之初只能小规模生产，雇佣工人6 人，生产工具只有一口小锅，仅能熬 20 箱肥皂油。后几经努力，祥泰"警钟"肥皂终于占领了市场，打开了销路。1917 年，曹琴萱全面掌管肥皂厂，他将武昌中华路 39 号 4000 余平方米的厂房作为生产基地，引进德国机器，生意红火。1931 年大水被淹，后曹琴萱在汉口龙王庙码头附近建造五层曹祥泰警钟肥皂大楼。建国后，改名为国营武汉化工厂。

▲ 图 6-28 新中国时期曹祥泰（国营武汉化工厂）警钟肥皂商标

▲ 图 6-29 曹祥泰后人曹美成与家人的合影

三、两湖劝业场

武汉地区工业的快速发展，丰富了武汉工业品的市场，并推动了商品贸易的发展，"赛工艺""振兴商务"渐成风尚。为此，张之洞在汉口设立商务公所（即物产陈列所），在武昌创办两湖劝业场。

▲ 图6-30 1917年兰陵街武昌劝业场大门

　　两湖劝业场又叫武昌劝业场，创办于1902年，地址在武昌兰陵街。武昌劝业场规模宏大，分南北两场，内设三大展销场：一为工业品展销场，陈列两湖制造的各种新巧机件；二为百货展销场，陈列外省和外国民用机件和日用品；三为土特产展销场，陈列两湖矿产和农副产品。凡入场营业者须完纳租金。后来劝业场用来销售和展示国货工业产品。两湖劝业场是中国最早的劝业场。其后各省会和通商大埠纷纷效仿，这便是中国最早的商品博览会。

▲ 图6-31 武昌兰陵街两湖劝业场

随着会展式商品贸易的深入人心，1909年，新任湖广总督陈夔龙又在武昌文昌门组织了全国乃至世界范围的工业品博览会"武汉劝业奖进会"，将各地特产、工艺品、美术品、教育图片、古玩等陈列展销。

图 6-32　1909 年第一次武汉劝业奖进会开会纪念式，前独坐者为湖广总督陈夔龙

"长盛川"的茶砖在第一次武汉劝业奖进会中获得一等奖。长盛川在羊楼洞有着悠久历史。清乾隆五十六年（1791 年），曾任山西某县县令的湖北咸宁人何盛林，见蒙古、新疆牧民"宁可三日无粮，不可一日无茶"，便邀其好友晋商何长林来到盛产茶叶的家乡咸宁，在咸宁柏墩共同创建了第一家茶庄，并从二人名字中各取一字，命名为"长盛川"茶庄。此后，何氏家族代代相传，并在原有茶庄的基础上，先后增设长裕川、天盛川、玉盛川、天聚和、宏益盛、大德生、万顺祥、生牲川等 9 家茶庄，生产"川"字青砖茶。

劝业场虽然已成历史，但是老武昌人还是使用"劝业场"的名字来纪念兰陵街这片区域曾经的功绩和荣光。

▲ 图 6-33 1909 年武汉第一次劝业奖进会给奖时典礼现场

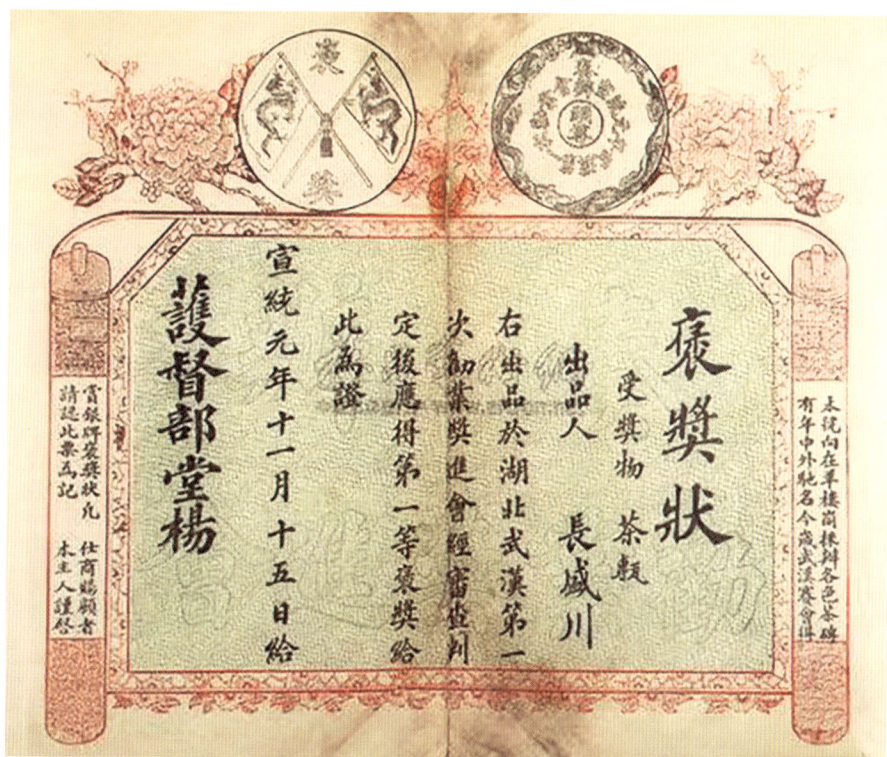

▲ 图 6-34 1909 年武汉劝业奖进会羊楼洞"长盛川"获奖证书

▲ 图 6-35 宣统元年武汉劝业奖进会一等奖牌

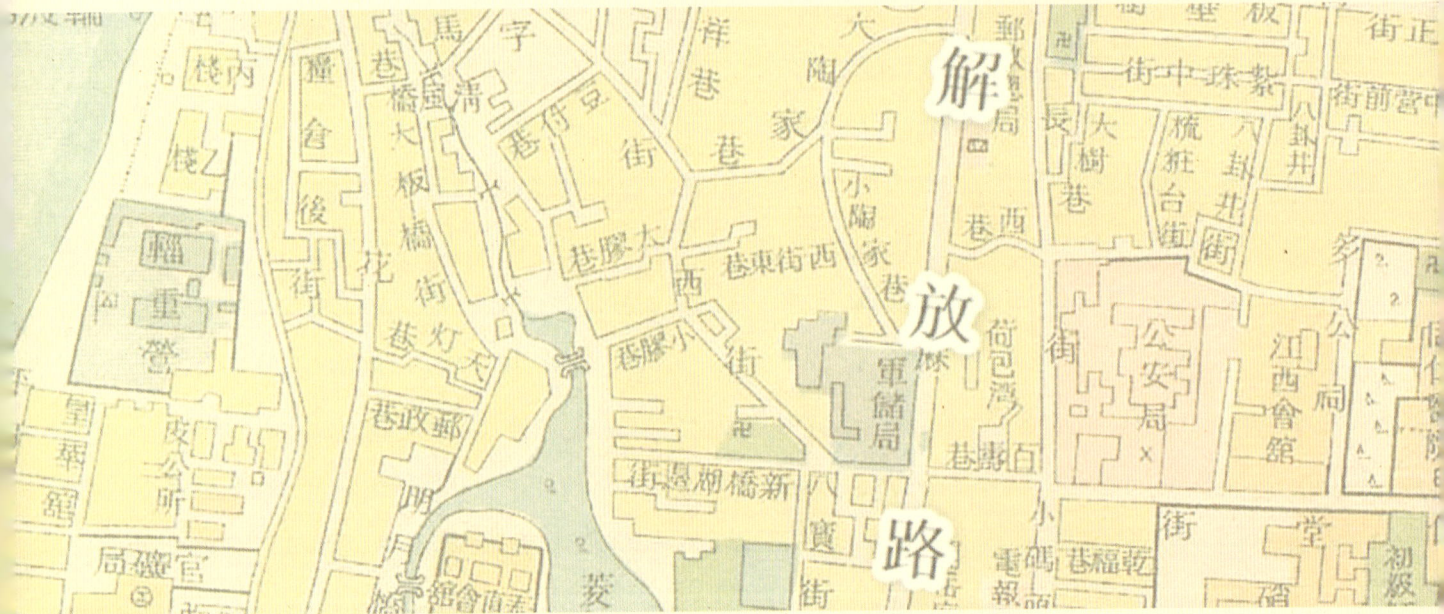

第七章

辛亥首义　共和基石

1904 年—1911 年，反清志士刘静庵、宋教仁、张难先等在湖北新军中秘密建立科学补习所、日知会、群治学社、振武学社、文学社等革命小团体，人数达到数千人。1911 年 9 月，逐渐聚合的两个主要团体——以蒋翊武为首的文学社和以孙武为首的共进会实现了联合，并决定中秋节起义。同年，10 月 9 日，在汉口的共进会机关因突发事件而暴露，彭楚藩、刘复基、杨洪胜被捕牺牲（史称"彭刘杨三烈士"），新军被迫提前起义。辛亥革命武昌首义终于爆发。

▲ 图 7-1 日知会圣约瑟学堂

▲ 图 7-2 圣约瑟学堂内的日知会纪念碑揭幕典礼（1948 年摄）

▶ 图7-3 辛亥革命
彭楚藩、刘复基、杨
洪胜三烈士塑像

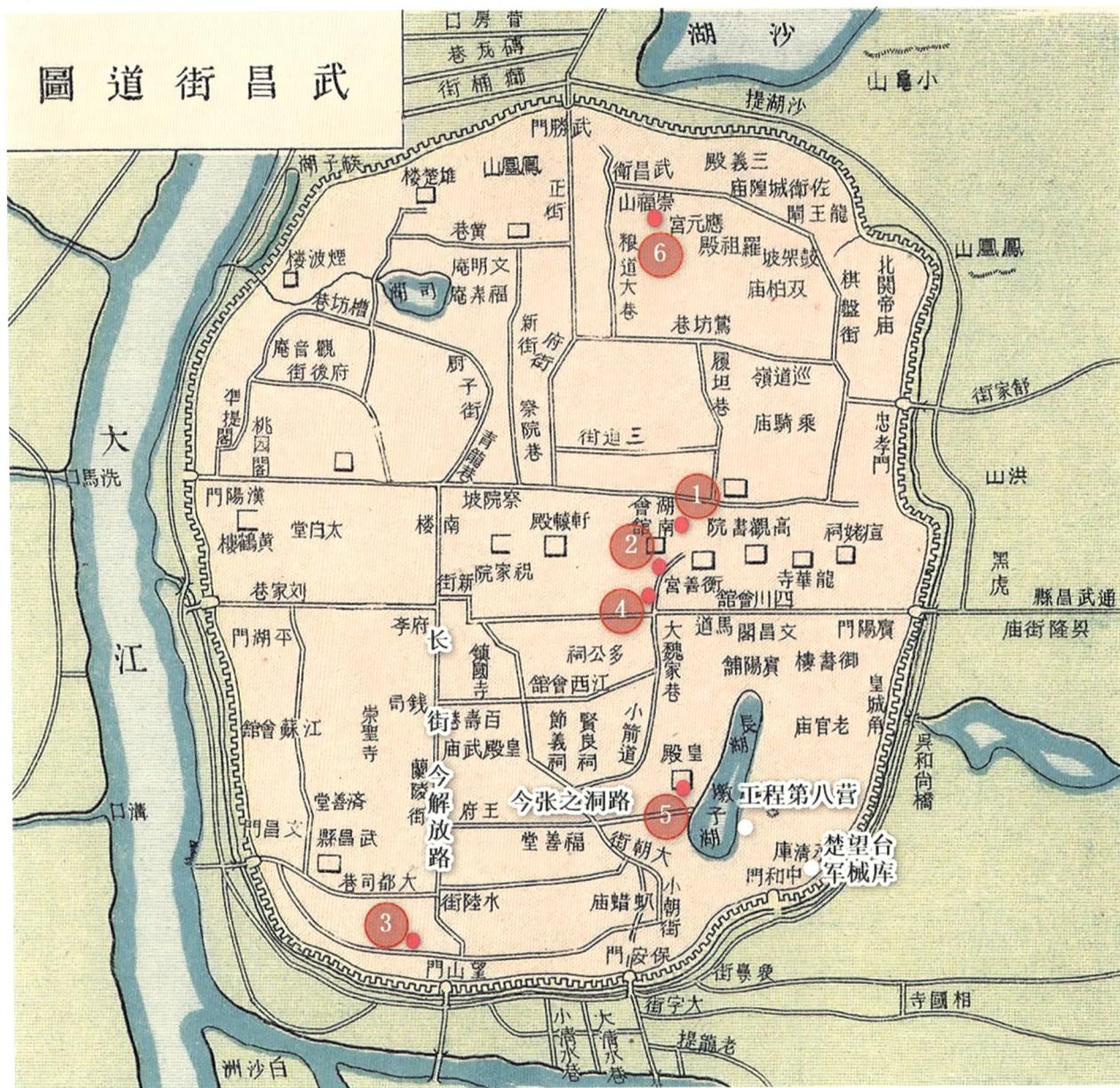

▲ 图7-4 辛亥革命武昌首义重要事件位置图（以1917年《武昌街道图》为底图）

1. 蛇山炮台；2. 鄂军都督府；3. 湖广总督府；4. 阅马场；5. 辛亥革命烈士祠。6. 日知会旧址

1911 年 10 月 10 日夜晚，武昌城内湖北新军中的反清革命党人因突发事件被迫提前举行起义，先是攻占楚望台军械库，打开中和门放入城外南湖炮队、马队，连夜攻打湖广总督署、第八镇司令部等清军首脑机关。至次日凌晨，光复武昌全城，并成立以混成协协统黎元洪为都督的中华民国鄂军都督府。

10 月 12 日，驻汉阳的新军起义，并占领汉口，三镇光复。

10 月 18 日—11 月 27 日，起义军与南下镇压的清军在汉口和汉阳进行了 40 天惨烈的"阳夏战争"后，汉口和汉阳最终失守。在此期间，国内湖北、湖南、陕西、江西、云南、江苏（含上海）、贵州、浙江、安徽、广西、福建、广东、四川共 13 省宣布独立于清廷，清政府濒临灭亡。

1912 年 1 月 1 日，中华民国临时政府在南京成立，孙中山任临时大总统。

▲ 图 7-5 参加武昌首义的湖北新军士兵（1911 年摄）

▲ 图 7-6 阅马场背后蛇山上的起义军炮兵阵地（1911 年摄）

图 7-7 位于武昌阅马场的湖北省咨议局，武昌首义时设鄂军都督府于此（1911 年摄）

图 7-8 鄂军都督黎元洪与各战地救护组织代表合影于大门门斗台阶（1911 年摄）

▲ 图 7-9 辛亥武昌首义时的鄂军都督府（1911 年摄）

▲ 图 7-10 起义军在汉阳门瓮城门外设卡检查（1911 年摄）

▶ 图 7-11 鄂军都督府大楼在武昌首义后期，被清军炮火炸毁一部分，这是辛亥革命后正在复建的景象（1912 年摄）

◀ 图 7-12 辛亥革命前阅马场上训练的新军辎重营马队，此时省咨议局大楼（左远处中式建筑处）还未建成（约1905年摄）

图7-13中的建筑曾为清朝的皇殿，彭楚藩、刘复基、杨洪胜三位烈士的遗体曾暂厝于此，辛亥首义后改为供奉武昌辛亥首义烈士的烈士祠。匾额由黎元洪题写，中华民国元年（1912年）10月立。

◀ 图7-13 辛亥首义烈士祠（1914年摄）

▲ 图7-14 辛亥首义烈士祠大门

▲ 图7-15 阅马场辛亥首义拜将台纪念碑

武昌辛亥首义发难后，为应对南下进攻武汉的清王朝军队，1911 年 11 月 3 日，鄂军都督黎元洪任命黄兴为战时总司令，在此搭台授印。1928 年 10 月 10 日武昌辛亥首义同志会在此建碑，命名拜将台。

▲ 图 7-16 阅马场原咨议局前的孙中山铜像（20 世纪 30 年代摄）

　　辛亥革命后，1921 年湖北省政府在蛇山南麓乃园筹建首义公园（后称蛇山公园、武昌公园），一为修整历史名胜景点，二为安置部分参加辛亥首义的退伍伤残军人。

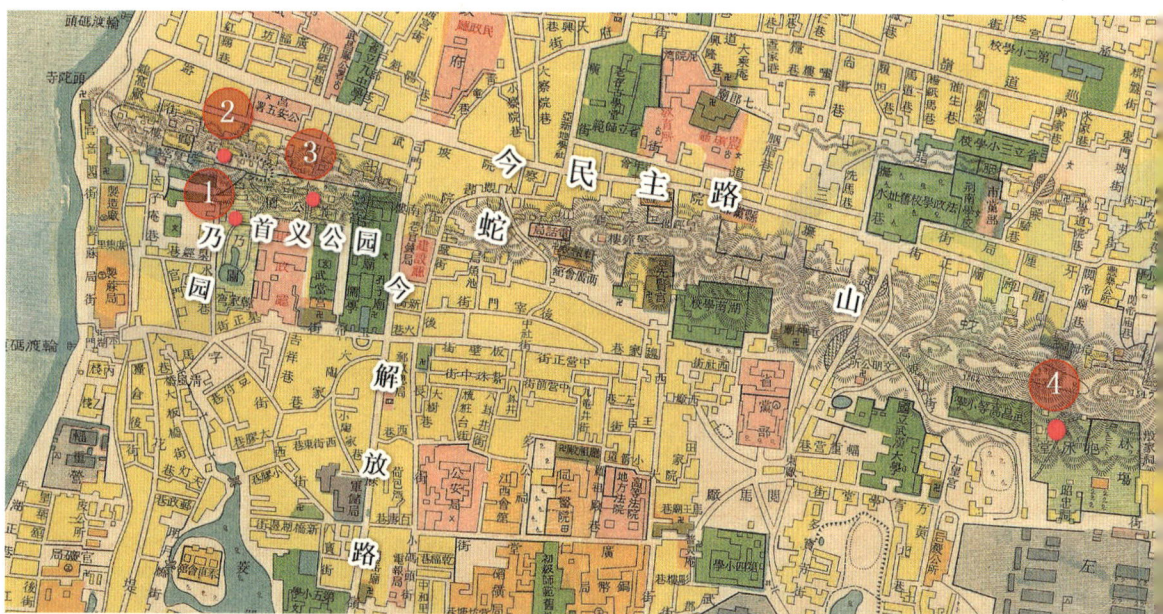

▲ 图 7-17 首义公园位置图（以 1930 年《新武昌市实测详图》为底图）
1. 首义公园大门；2. 黄兴铜像；3. 陈友谅墓；4. 抱冰堂

◀ 图 7-18 首义公园大门（20 世纪 30 年代摄）

▶ 图 7-19 蛇山上的黄兴铜像和抱膝亭（20 世纪 30 年代摄）

▲ 图 7-20 蛇山原首义公园内的陈友谅墓（20 世纪 30 年代摄）。陈友谅，元朝末年农民起义领袖，1360 年建陈汉政权称帝，年号大义，1363 年与朱元璋大战鄱阳湖时阵亡。1364 年朱元璋攻打武昌，陈友谅之子陈理见外援已绝，武昌孤势难挡，被迫出降，陈汉政权亡

▶ 图 7-21 1906 年之前在武昌的张之洞像

◀ 图 7-22 抱冰堂位于蛇山中段南坡，由张之洞的门生故吏为其所建（1930 年摄）

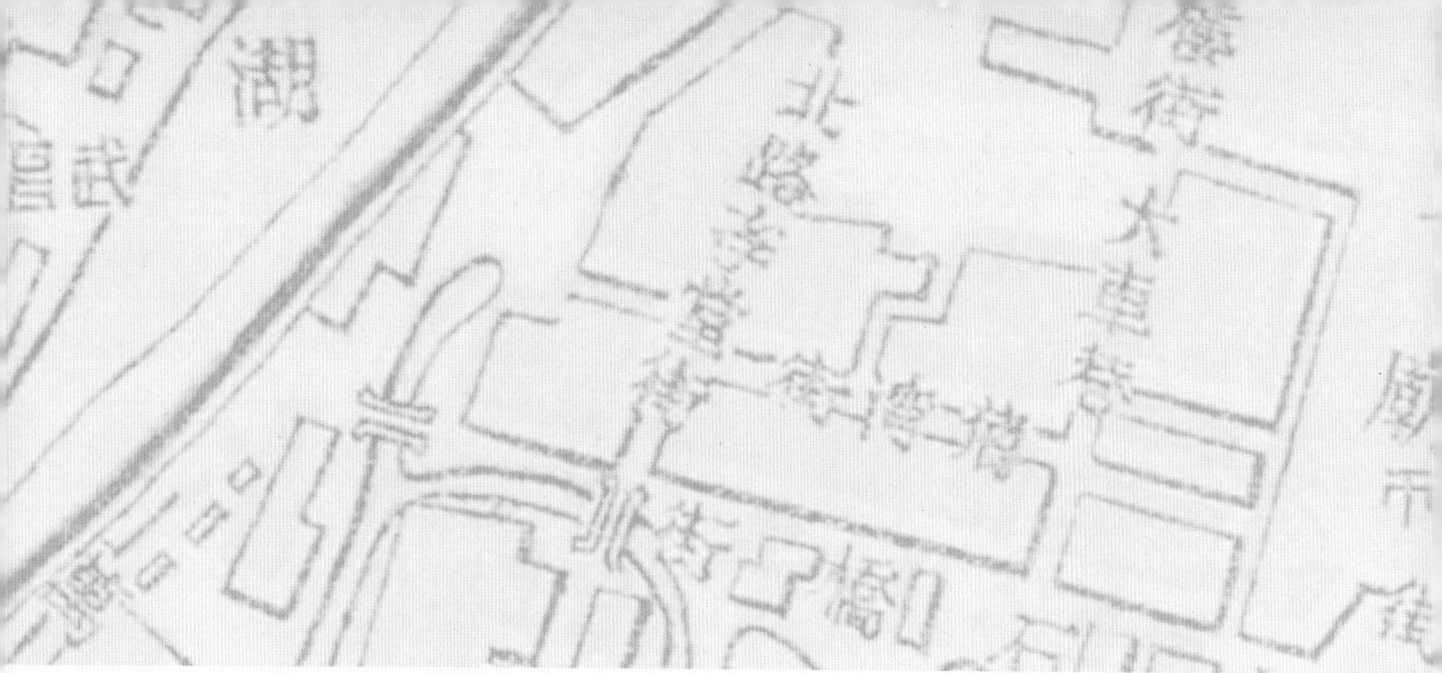

第八章

都府堤畔　红旗漫卷

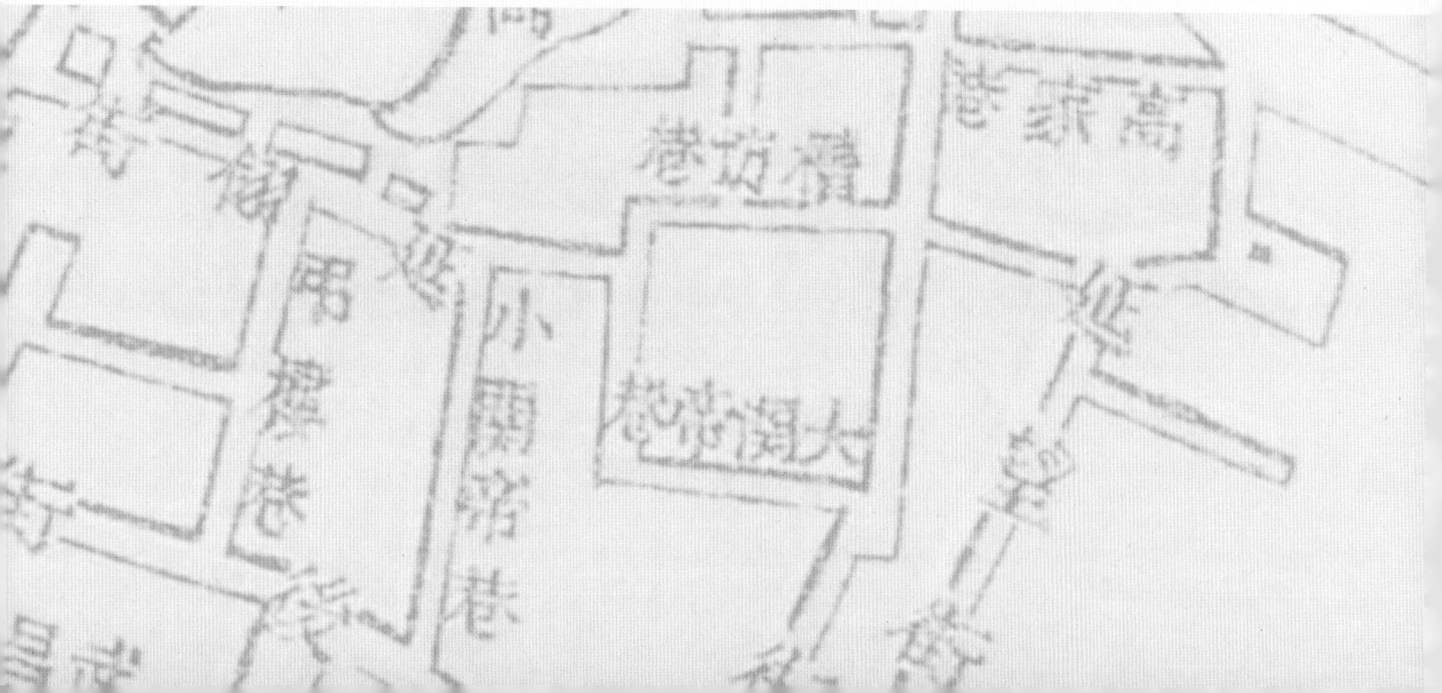

  1920 年成立共产党武汉支部、1921 年武汉派代表参加建党大会。武汉的共产党组织领导了轰轰烈烈的早期工人运动和学生运动。

  1926 年 8 月下旬，国共合作的北伐军从湖南挺进湖北，攻占了武昌城南边北洋军队驻守的汀泗桥、贺胜桥等地。同年 9 月 2 日和 3 日，北伐军攻打武昌城未克后，9 月 6 日和 7 日攻占了汉阳和汉口。后经过 30 多天对武昌城的围困，同年 10 月 10 日守军投降。

  1926 年 12 月，有共产党重要领导人董必武参加的"国民党中央执行委员、国民政府委员临时联席会议"在武汉成立，行使中央最高职权（年底前后在武昌红楼办公，后迁汉口南洋大楼），并宣布从 1927 年 1 月 1 日起，"确定国都，以武昌、汉口、汉阳三城为一大区域作为'京兆区'，定名武汉"，标志着广州国民政府迁都武汉。毛泽东结束在广州的中央农民运动讲习所的工作后，倡议并创办武昌中央农民运动讲习所。

  1927 年 4 月，中共中央机关从上海迁到武汉，武汉被称为国民革命的"赤都"。4 月 27 日，作为大革命高潮中的重要会议，中国共产党第五次全国代表大会在今武昌都府堤召开。这一次大会讨论和决定的重要事项有：党史上第一次建立专门的纪律检查机构——中央监察委员会。

▲ 图 8-1 位于汉口后城马路（今中山大道）的武汉国民政府旧址（南洋大楼）

▲ 图 8-2 汉口中共中央机关旧址（黎黄陂路）

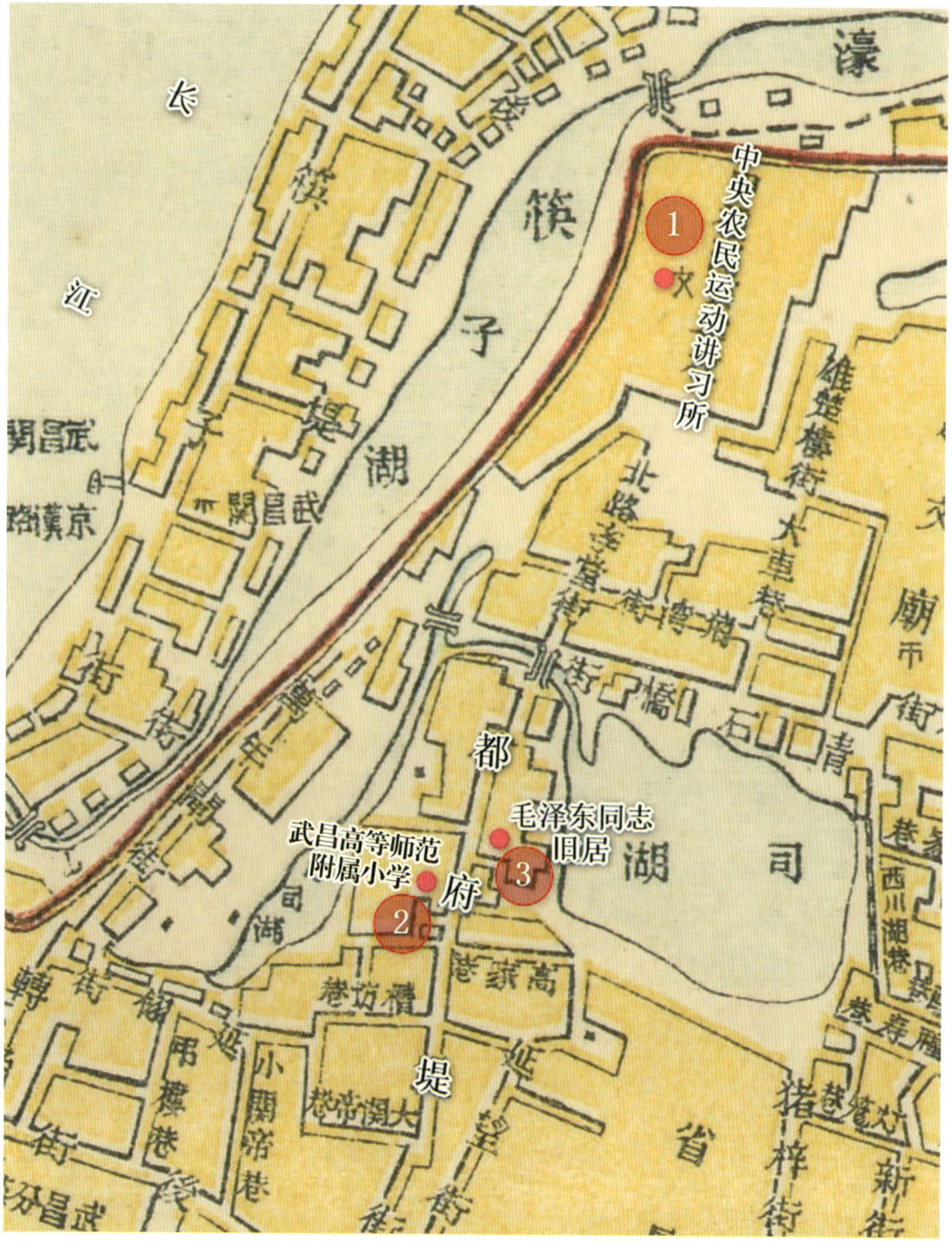

▲ 图 8-3 武昌都府堤位置图
1. 中央农民运动讲习所；2. 武昌高等师范附属小学；3. 毛泽东同志旧居

　　都府堤，又名都抚堤、督府堤，位于武昌古城西北角，东有都司湖（简称司湖）。晚清时期，先后在此建有武昌北路学堂、甲种商业学校、国立武昌高等师范附属小学。北伐军占领武昌城后，中央农民运动讲习所迁于甲种商业学校内。毛泽东与妻子杨开慧居住于附近。1927 年 4 月 28 日，中国共产党第五次全国代表大会在国立武昌高等师范附属小学举行开幕式。

一、武汉的共产党早期组织及其革命活动

　　1920 年 8 月，陈独秀、李汉俊等人在上海成立中国第一个共产党早期组织，并积极推动各地建立共产党组织。在上海共产党组织筹备成立过程中，李汉俊即致信董必武和张国恩，征求他们在武汉组党的意见，不久又亲自到武汉约谈。与此同时，受陈独秀委派，刘伯垂回武汉开展组党工作，并与董必武等人就组党达成共识。1920 年 8 月，共产党武汉支部在武昌正式成立。

◀ 图 8-4 武昌抚院街（今民主路）97 号武汉共产党早期组织成立地旧址

　　武汉共产党早期组织是中国最早建立的 6 个共产党早期组织之一。武汉共产党早期组织最初有董必武、陈潭秋、刘伯垂（湖北第一名共产党员）、张国恩、包惠僧、赵子健、郑凯卿（中国共产党第一名工人党员）等 7 名成员，并推举包惠僧为书记，陈潭秋和张国恩分管组织和财务工作。1927年 7 月，董必武、陈潭秋作为武汉的代表，包惠僧作为在广州的陈独秀的代表，参加了在上海举行的中国共产党第一次全国代表大会。

▲ 图 8-5 武汉的共产党早期组织成员，自左至右依次为：刘伯垂、张国恩、包惠僧、赵子健、郑凯卿

1921 年初，恽代英、黄负生、刘子通等在武昌创办《武汉星期评论》，以"改进湖北教育及社会"为宗旨。不久，黄负生、刘子通相继加入武汉共产党早期组织，该刊成为党组织直接领导下的一份重要宣传刊物，在传播包括马克思主义在内的新思想方面发挥了更大作用。该报的编辑部为武昌黄土坡 27 号，亦为武汉党组织的机关所在地。

1921 年 10 月，董必武、陈潭秋等建立中共武汉地方委员会，包惠僧任书记。同年底，武汉地委增设陈潭秋为组织委员，黄负生为宣传委员。由黄负生携家眷租下武昌黄土坡下街 27 号（今武昌首义路），作为中共武汉地方委员会工作机关。1922 年初，中共武汉地方委员会改组为武汉地方委员会兼中共武汉区执行委员会。

▲ 图 8-6 1921 年的《武汉星期评论》

▲ 图 8-7 武昌黄土坡下街 27 号中共武汉地方党委机关旧址

1922 年，共产党员陈潭秋到国立武昌高等师范学校附属小学任教，积极开展革命活动，很多学生受其影响，后来参加了革命。

武汉的共产党组织联系国立武昌高等师范学校、中华大学、湖北省立女子师范学校进步师生，开展反对旧教育、发展新教育的斗争（时称"高师学潮"），促进了教育界先进知识分子的革命化，钱介磐、陈荫林、吴德峰等进步教师由此走上革命道路。

1922 年，湖北省立女子师范学校开除宣传妇女解放的国文教师刘子通（共产党员），引发学生罢课、请愿（时称"女师学潮"）。武汉的共产党、青年团组织积极引导，取得斗争的胜利。学潮中涌现出杨子烈、夏之栩、袁溥之、徐全直等一批骨干分子，后来均走上革命道路。

▶ 图 8-8 位于都府堤的国立武昌高等师范学校附属小学

▶ 图 8-9 "女师学潮"中的 7 名骨干成员在武昌蛇山合影

◀ 图 8-10 国立武昌高等师范学校（武汉大学前身）旧影

二、北伐武昌城下

1926 年 7 月 9 日，国共合作的国民革命军在广州誓师北伐，目标是推翻北洋军阀统治，建立统一的中央政府。

同年 8 月下旬，国民革命军兵分几路向武汉进军。由共产党人叶挺率领的国民革命军第四军独立团从湖南进入湖北后，在工农群众的支援下，连克汀泗桥、贺胜桥，打开了通往武汉的南大门。国民革命军第四军独立团第一营营长、共产党员曹渊在攻打武昌城战役中英勇作战，壮烈牺牲。

经过 30 多天的围困战，1926 年 10 月 10 日武昌守敌投降。

▲ 图 8-11 北伐名将、国民革命军第四军独立团团长叶挺

▲ 图 8-12 国民革命军第四军独立团第一营营长曹渊

▲ 图 8-13 国民革命军总政治部主任邓演达

▲ 图 8-14 国民政府顾问鲍罗廷（苏联人）在武汉

▶ 图 8-15 北伐军在武昌城内挖战壕

▶ 图 8-16 北伐军在武昌汉阳门外

图 8-17 北伐军攻克武昌，武汉军民举行联欢大会

图 8-18 武昌街道上的北伐军战士（1926 年 10 月 11 日摄）

▶ 图 8-19 武昌围困战结束后从武昌文昌门出城的民众

▼ 图 8-20 围困武昌城期间堆放于武昌洞的棺材

三、农民运动讲习所与毛泽东旧居

1926 年底，毛泽东在武昌筹办农民运动讲习所。1927 年 3 月 7 日，农民运动讲习所开学。邓演达、陈克文、毛泽东任农民运动讲习所常务委员，毛泽东主持日常工作。首届招收来自各地的学员 800 名，其中农民学员 360 名，工人学员 40 名，学生学员400 名。毛泽东亲自主讲《湖南农民运动考察报告》，恽代英、瞿秋白、彭湃、方志敏、李汉俊、李达以及国民党左派等分别讲授主要课程。6 月 18 日，第一批学员毕业，分赴各地发动农民运动。

▲ 图 8-21 位于武昌都府堤的中央农民运动讲习所大门（1927 年摄）

毛泽东与妻子杨开慧的住所就在农民运动讲习所附近。

▼ 图 8-22 中央农民运动讲习所旧址（2022 年摄）

图 8-22 中央农民运动讲习所旧址（2022 年摄）

▲ 图 8-23 毛泽东在武昌都府堤的旧居（2023 年摄）

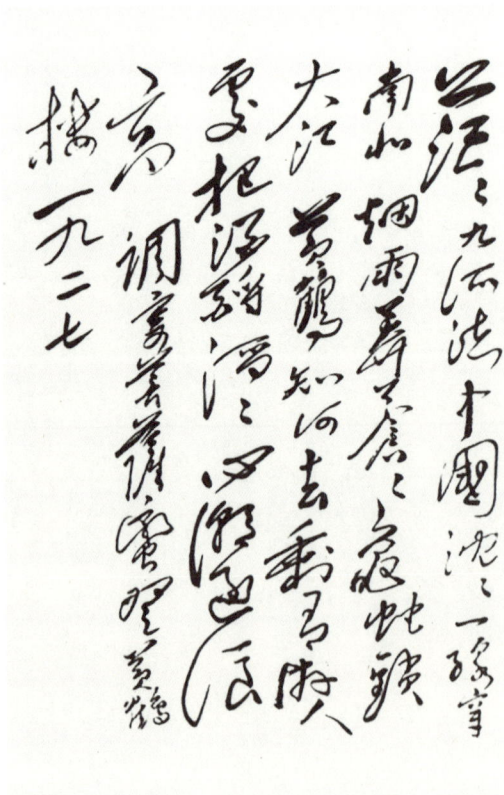

▲ 图 8-24 1927 年毛泽东在武昌写下《菩萨蛮·黄鹤楼》，表达对革命形势的担忧

四、中共五大在武昌召开

1927年4月28日,中国共产党第五次全国代表大会开幕,出席的代表有陈独秀、蔡和森、瞿秋白、毛泽东、任弼时、刘少奇、邓中夏、张国焘、张太雷、李立三、李维汉、陈延年、彭湃、方志敏、恽代英、罗亦农、项英、董必武、陈潭秋、苏兆征、向警予、蔡畅、向忠发、罗章龙、贺昌、阮啸仙、王荷波、彭述之等。

▶图8-25(上图)、图8-26(下图) 1927年4月28日中国共产党第五次全国代表大会开幕式景况

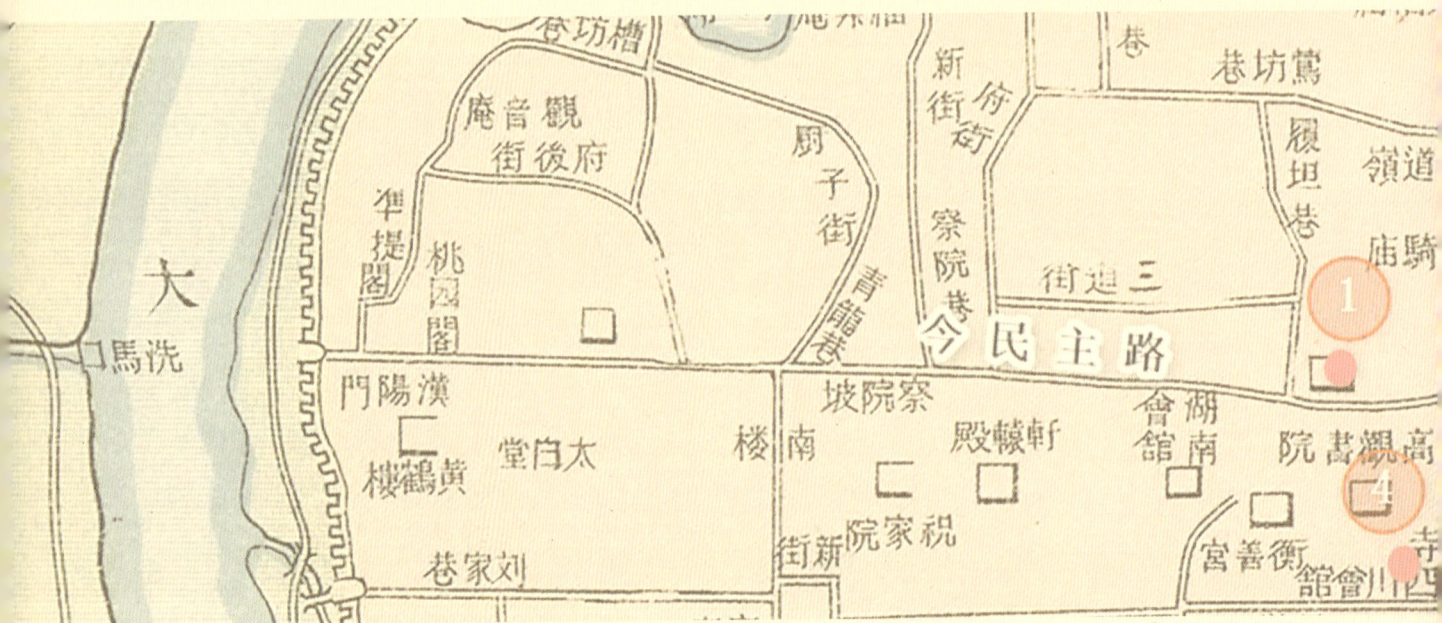

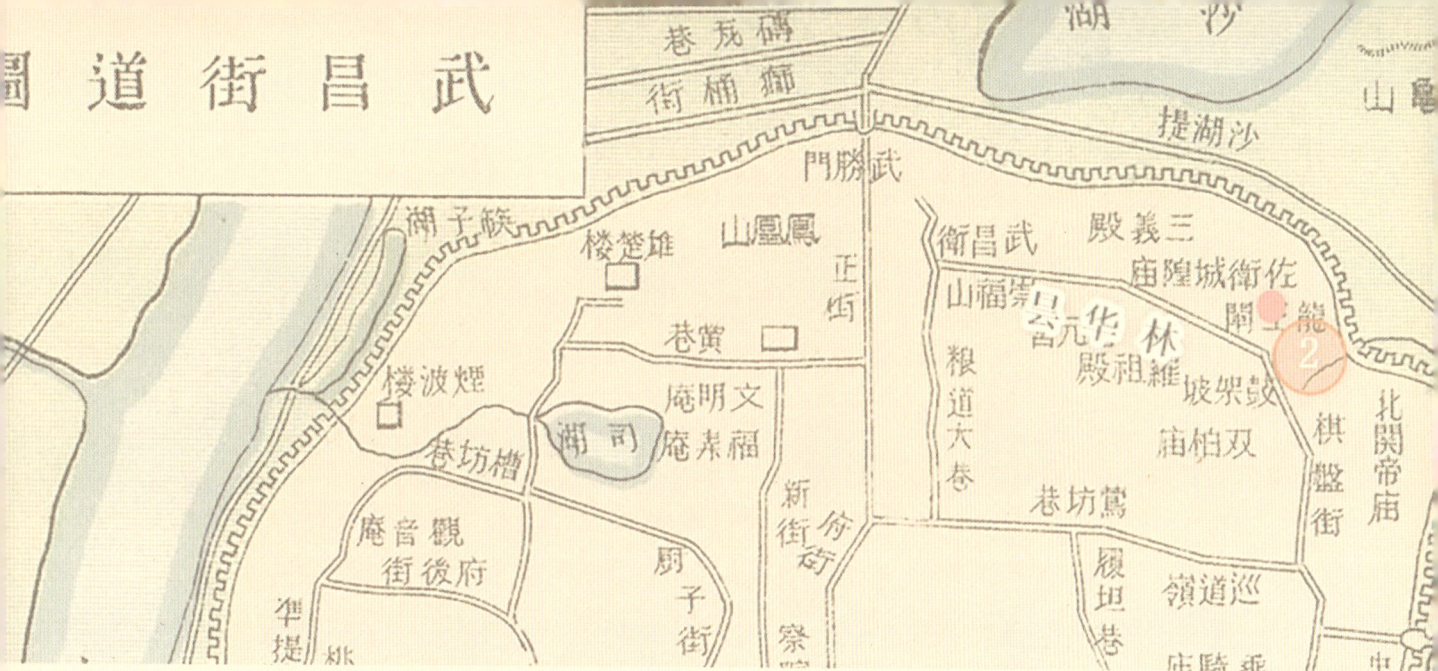

第九章

战时首都　抗日烈焰

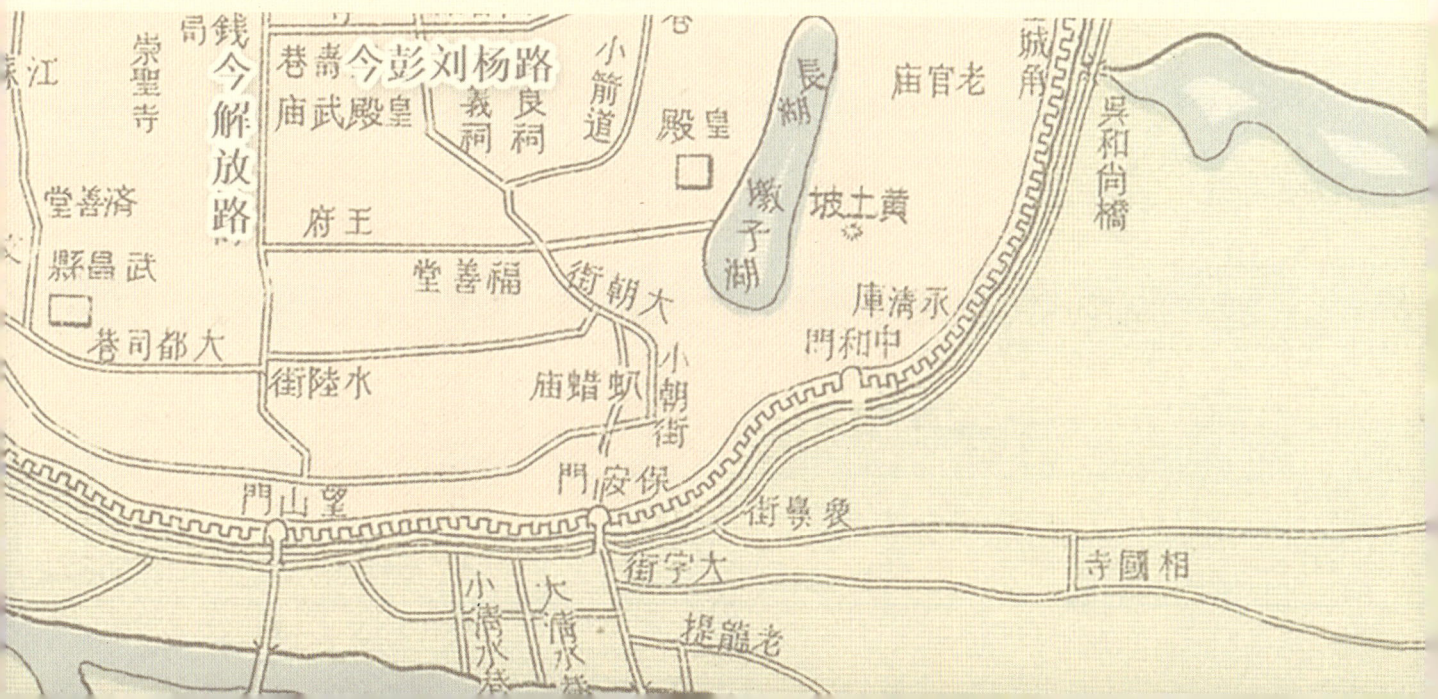

　　1937 年 7 月开始全面抗日战争后，实现第二次国共合作，建立抗日民族统一战线。中国共产党在武汉出版《新华日报》，设立八路军办事处（内设中共中央长江局），并在武汉成立新四军军部。随着上海、南京沦陷，国民政府宣布迁都重庆。战时最高权力机关军事委员会（驻湖北省图书馆）以及外交部、交通部等在武汉暂驻和办公；各政党领袖、社会团体领导人、著名社会活动家、文化界名流、工商界巨擘云集武汉；中国国民党临时全国代表大会在武昌召开，确定抗战救国总方针；凝聚全民族抗战共识的国民参政会在汉口召开；国民政府组织了抗日战争中的重大战役——"武汉会战"。到 1938 年 10 月下旬武汉三镇沦陷前，武汉是中国抗日战争"战时首都"。

圖書館正面圖

◀ 图 9-1 1938 年 3 月 29 日至 4 月 1 日，在武汉大学图书馆召开中国国民党临时全国代表大会，决定抗战救国总方针

◀ 图 9-2 1938 年 7 月 6 日，国民参政会第一届第一次会议在汉口上海大戏院（后为中原电影院）召开

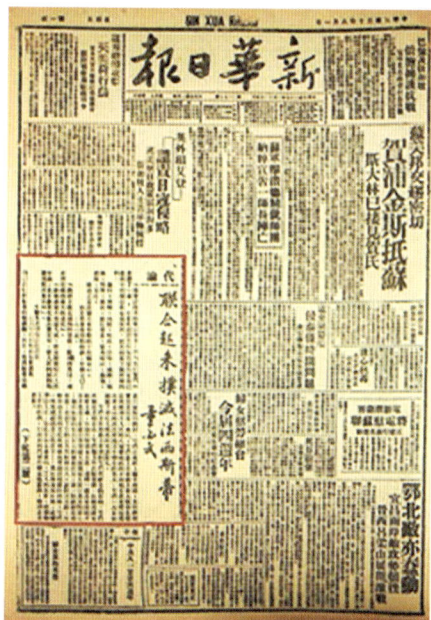

◀ 图 9-3 （左图）1938 年 1 月 11 日，中国共产党创办在国统区出版的唯一公开报纸——《新华日报》

◀ 图 9-4 （右图）八路军武汉办事处外景

一、国民政府党政军机关重要驻地

1.国民政府军事委员会驻地

1938 年 9 月 17 日，国民党中央决定，由军事委员会统一行使党政军权力。

▶ 图 9-5 抗日战争初期国民政府军事委员会驻地湖北省图书馆

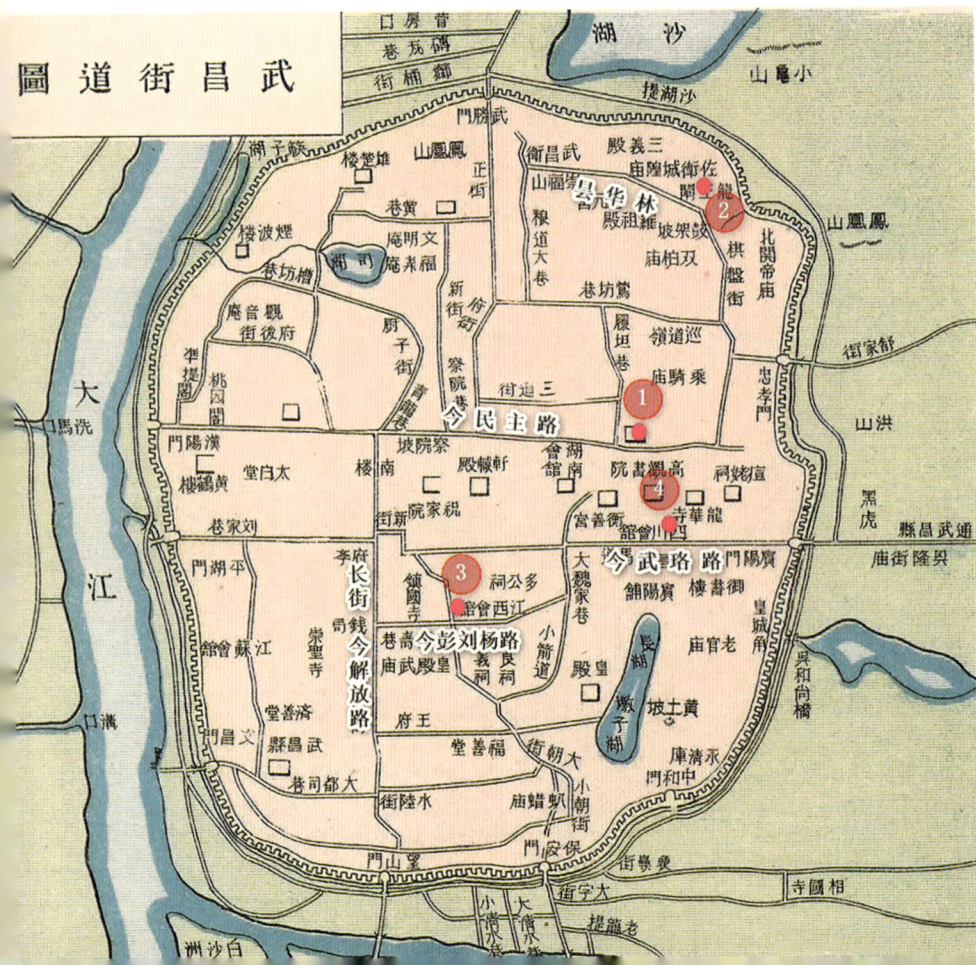

◀ 图 9-6 在武昌的抗日军政领导机关位置图
1.胭脂坪黎元洪公馆；2.政治部三厅；3.武汉行营；4.国民政府军委会

2. 国民政府党政机关重地

1938 年元月至 9 月，武昌胭脂坪黎元洪公馆为国民政府党政军机关重地，军委会委员长蒋介石在山坡上的一栋楼（已拆除）办公，蒋介石的秘书陈布雷旧居为东面的第二栋房屋，第一栋为蒋介石的侍从室，其他几栋为机要部门的办公用房。此处原是清朝末年巡抚衙门的旧址。1915 年，政府当局将此地卖给黎元洪作公馆。黎元洪在此兴建了 8 栋中西合璧式楼房，每栋式样各异，风格别致。此处为武汉市文物保护单位。

▲ 图 9-7 胭脂坪 13 号

◀ 图 9-8 武昌区胭脂路胭脂坪 10 号陈布雷旧居

3. 珞珈山军官训练团与党政要人居所

武汉大学校园成为由军事委员会委员长蒋介石亲任团长的珞珈山军官训练团（后改为中央训练团）驻地。

▲ 图 9-9 1938 年春夏之交，武汉大学操场成为军官训练团检阅之地

▲ 图 9-10 1938 年 8 月，一群在武昌接受军事训练的
中国女兵，即将奔赴长江南岸抗日前线

建築設備委員會會所（一名聽松廬）

◀ 图9-11 武昌珞珈山上的蒋介石居所——听松庐

▲ 图9-12 武昌珞珈山上的周恩来、黄琪翔、郭沫若等人的居所——"十八栋"

▶ 图 9-13 1938 年 7 月 7 日，三厅在武汉三镇举行声势浩大的 "七七" 献金运动，向民众募捐到一百万元资金，支援抗日战争。图为郭沫若在 "七七" 献金运动上发表演讲

◀ 图 9-14 郭沫若为《塞上风云》摄制组送行

二、军委会政治部第三厅的抗日宣传活动

1938 年 2 月，国民政府军事委员会政治部在武汉成立，陈诚任部长，周恩来、黄琪翔任副部长。政治部下设一、二、三和总务四个厅，郭沫若任第三厅厅长。政治部第三厅设在武昌昙华林，今武汉市第十四中学校内。第三厅主管抗战宣传工作，在周恩来、郭沫若等人的影响下，大批国内文化艺术界的名流云集江城，致力于抗日救亡宣传活动。一时间，以中国共产党党员为骨干的"三厅"群英荟萃，人才济济，被誉为"名流内阁"。

▲ 图9-15 武昌昙华林武汉市第十四中学校内原国民政府军事委员会政治部第三厅遗址（何海威摄）

　　"三厅"成立后，在武汉三镇举办火炬歌咏大游行、"七七"献金运动（筹集金额达到一百多万元）等大型活动，编写士兵读物、报纸，组织全国慰劳总会、抗日演剧队、武汉戏曲剧团和艺人（主要是汉剧和楚剧）训练班等，为动员全民抗战作出重大贡献。

▲ 图 9-16　1938 年 4 月 10 日，"美术歌咏火炬游行大会"在武昌蛇山黄鹄矶头举行

▲ 图 9-17 1938 年 7 月 7 日，武昌民众献金团在武昌中正路（今解放路）上宣传献金救国

▶ 图9-18 1938年8月9日,20多个抗日救亡团体在武昌公共体育场举行"美术歌咏火炬游行大会"

◀ 图9-19 位于武昌蛇山坡壁上的"全民抗战"大壁画,1938年9月由国民政府军委会政治部第三厅主持绘制完成

三、其他抗日团体的活动

1. 孩子剧团

南京沦陷,来到武汉的"孩子剧团"以歌咏、舞蹈、戏剧为武器,积极投身于抗日救亡的洪流中。孩子们演唱了《义勇军进行曲》《救国军歌》《打回老家去》等曲目,表演了《捉汉奸》《仁丹胡子》《帮助咱们的游击队》等剧目。在武汉的大街小巷,"孩子剧团"先后演出 500 多场儿童话剧、哑剧、活报剧,演唱了大量抗战歌曲,以唤起群众的民族意识和抗战精神。

2. 中国青年救亡协会

抗战初期,武汉地区主要抗战救亡团体有 40 余个。中国青年救亡协会(简称"青协"),1938 年 2 月 13 日在汉口义祥里成立。国民党元老叶楚伧之子叶楠任主席,中国共产党亦派人参加"青协"的领导工作。1938 年春夏,国民党三民主义青年团渗入"青协","青协"内部发生分化,不久被国民党取消,但其成员袁宝华等仍在河南舞阳地区发展组织。

▲ 图 9-20 1938 年"孩子剧团"在武昌昙华林政治部第三厅留影

▶ 图 9-21 1938 年 2 月 13 日,中国青年救亡协会在武汉成立。图为该会在武昌蛇山黄鹄矶头胜像宝塔旁宣传抗日

四、抗日书刊

抗战爆发后，全国的出版中心由上海迁徙到武汉，一时间武汉地区图书、报刊的出版空前繁荣。为宣传抗战，武昌地区文化工作者出版发行大量的抗日书刊，如《抗日战争与民众组织》《我相信中国》《荡寇》《三江好》等等，这些书刊极大地振奋了全国人民的抗日士气，有力地促进了民众投身于抗战洪流之中。

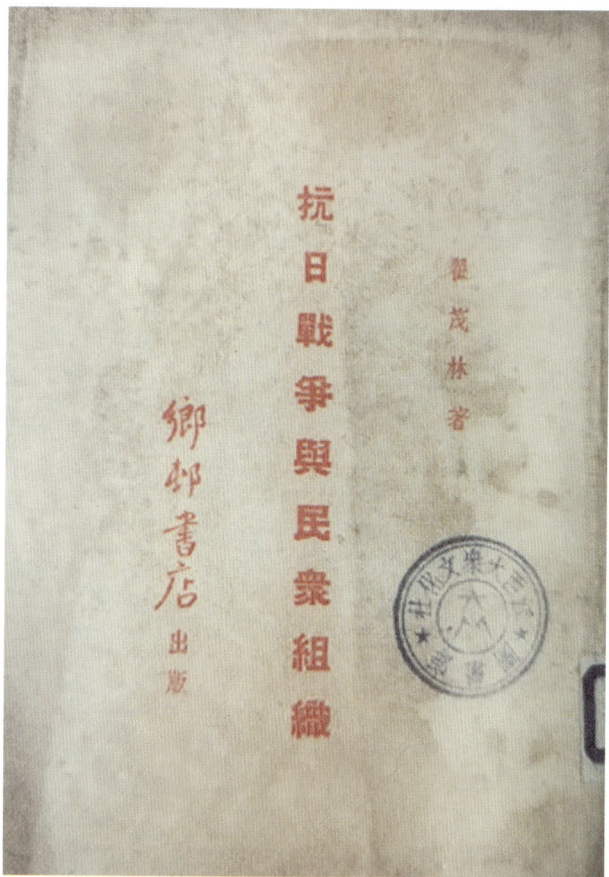

▲ 图 9-23 张申府编写的《我相信中国》由上海杂志公司出版（上海杂志公司总店在汉口交通路 62 号，分店在武昌胡林翼路）

▲ 图 9-22 翟茂林编写的《抗日战争与民众组织》由武昌乡邨书店出版

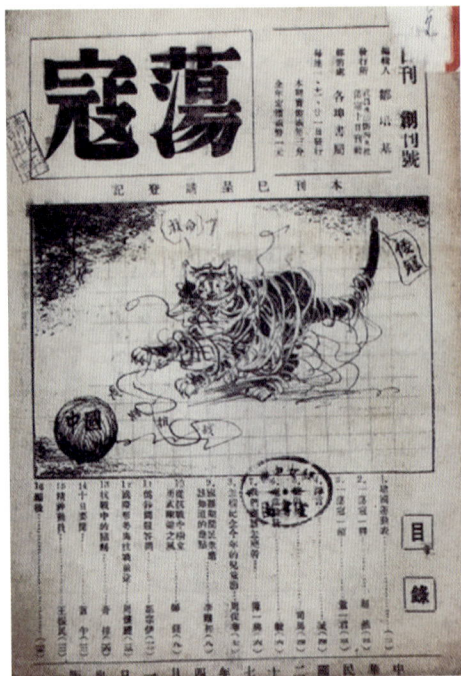

▶ 图 9-24 邹培基在武昌水陆街 49 号编辑、出版发行的周刊《荡寇》

▲ 图 9-25 舒强、吕复、何茵、王逸改编的抗日话剧《三江好》，发行于武昌水陆街美术专门学校内

◀ 图 9-26 中国人民的抗日战争赢得世界学生保障和平自由文化联合会态度鲜明的同情与支持，1938 年该会专门组织国际学生代表团来中国访问、考察和声援。1938 年 5 月 26 日，武汉各界一万余人在武昌公共体育场举行盛大的"中国青年学生欢迎世界学联代表团大会"

五、武汉沦陷，抗日战争进入相持阶段

1938 年 6 月上旬至 10 月下旬，国民政府组织了全面抗战以来规模最大的"武汉会战"，"以空间换时间"。10 月 25 日—27 日，武汉三镇相继沦陷。日军再无力发动大的战略进攻，中日战争进入战略相持阶段。

▶ 图 9-27　1938 年 7 月，日机轰炸武昌徐家棚车站

◀图 9-28　日机轰炸武昌徐家棚车站，百姓目睹亲人被炸死，痛不欲生

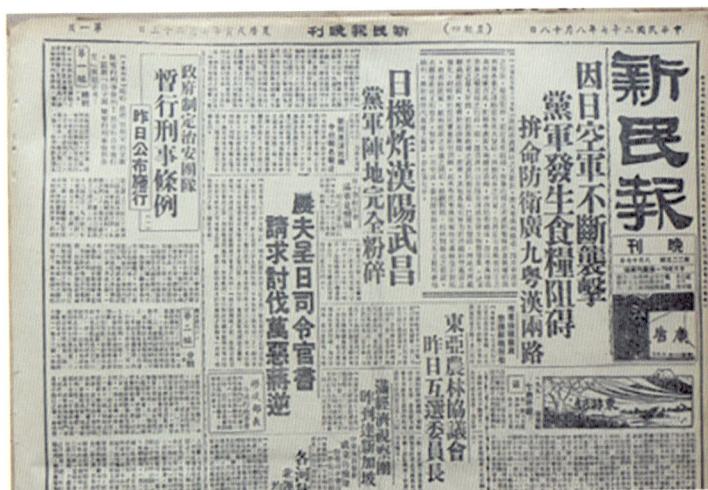

▲ 图9-29 1938年8月18日，上海《新民报》晚刊报道日机轰炸汉阳、武昌消息

▲ 图9-30 日军占领武昌街头

▲ 图9-31 1938年10月27日，攻占国民政府军事委员会武汉行营的日军平田部队

▲ 图9-32 日军坦克在武昌街头横冲直撞

▶ 图 9-33 日军经过武昌蛇山

▲ 图 9-34 1938 年 10 月 24 日，中山舰在武昌金口遭日机轰炸沉没，舰长萨师俊等 25 名将士以身殉国

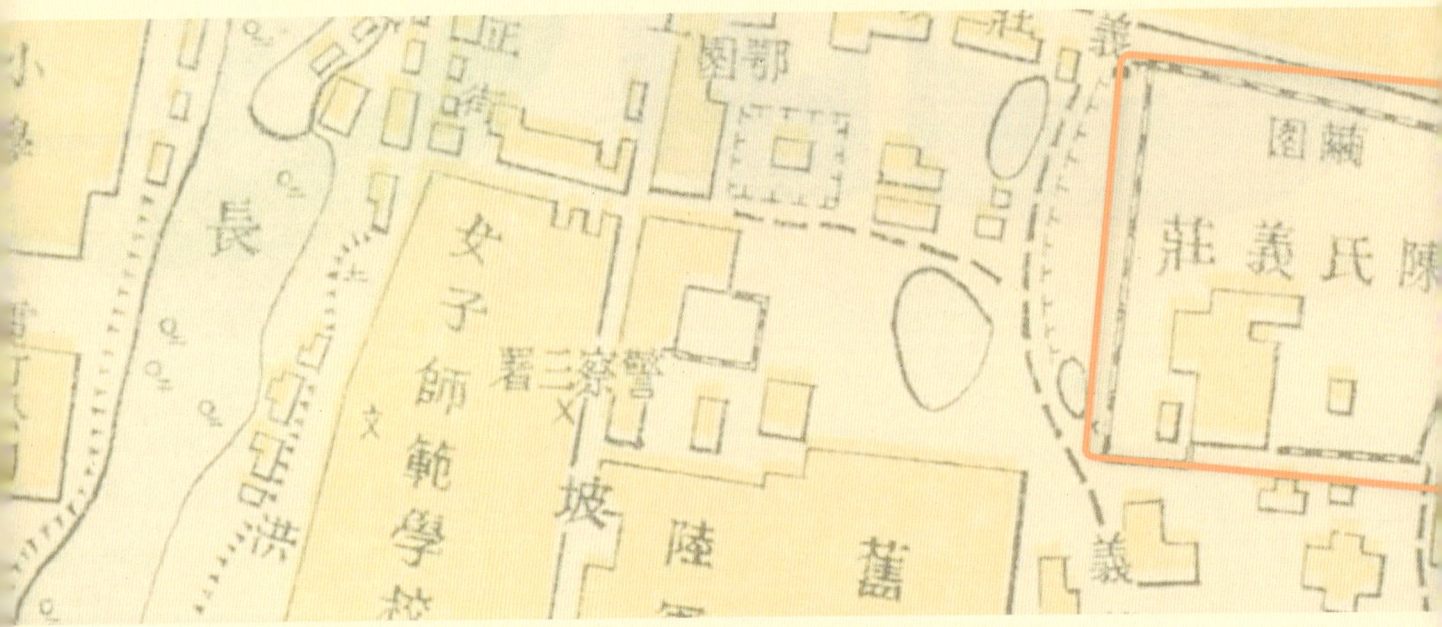

小奏

長

洪山品品

文

女子師範學校

陸

警察
二署

坡

舊

正街

邸

郭

義

綢圖

陳氏義莊

義

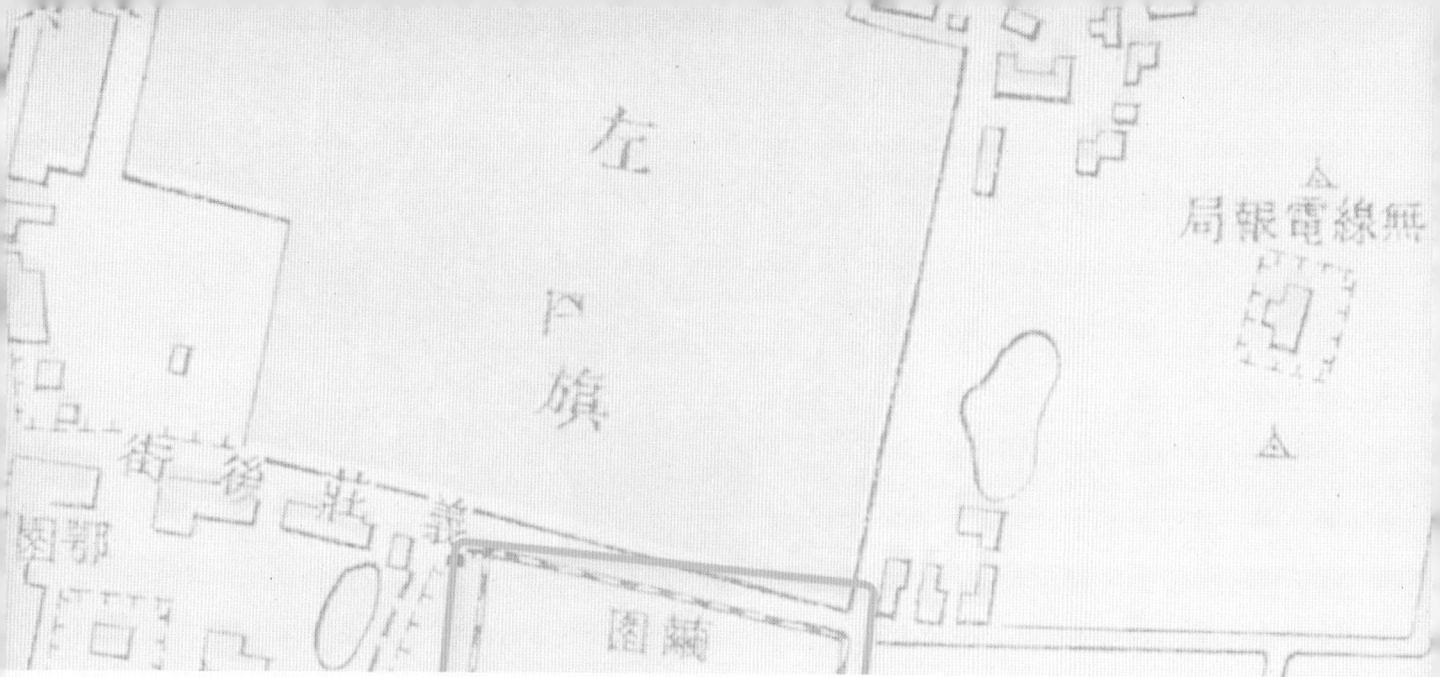

第十章

街衢阡陌　市井烟火

一、主要街道

武昌古城自唐宋至明清，因蛇山横亘东西，城市形成南北二区。

明代武昌城扩建后，进出九个城门都有大道，互相连通，使道路系统整体上呈南北和东西走向。晚清，武昌古城南部的南北大街为长街（1949年后改称解放路），东西大街为蛇山南麓的阅马场街通宾阳门的道路（1935年改造为熊廷弼路，1972年并入武珞路）；武昌古城北部的南北大街为武胜门正街（今得胜桥街），东西大街主要为蛇山北麓的汉阳门正街—察院坡—抚院街—龙神庙街（1935年改造为胡林翼路，1949年以后更名民主路），以及粮道街巡道岭。

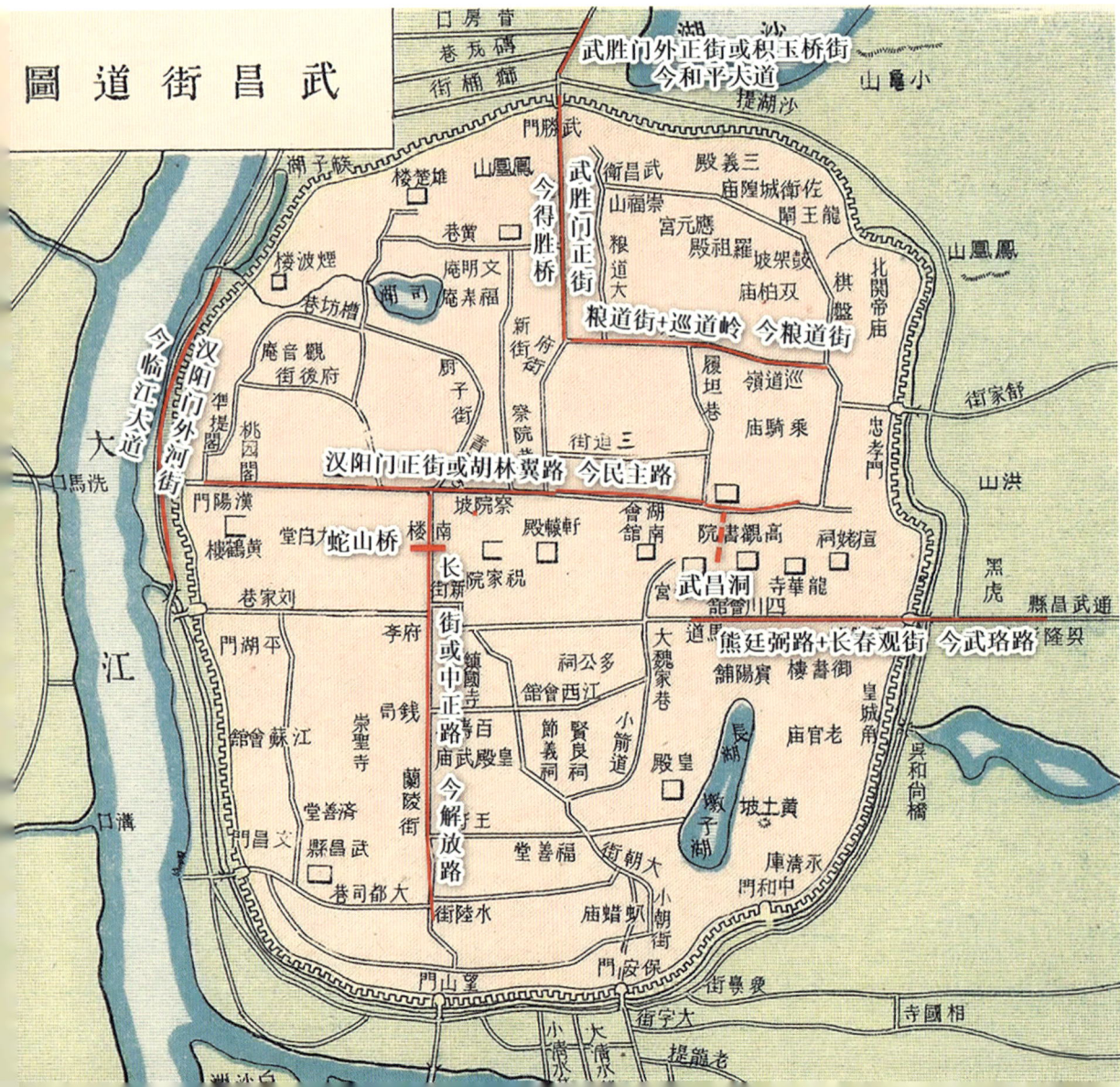

▲图10-1
武昌城主要
道路图（以
1917年《武昌街道图》为底图）

1.长街

位于武昌古城中间地带，南起今解放桥，北抵中山路，全长约 3.1 公里，宽约 20 米，是纵穿武昌城南北的一条古老街道，长街主要由司门口（街）、南楼（正街）、芝麻岭、兰陵街四段组成。长街起源于南朝梁代，得名于宋，定形于明。明末以前，长街因蛇山所阻隔，北段只到蛇山南麓（今司门口跨线桥处）。明末，官府在蛇山上的鼓楼（即南楼）下方凿洞开道，将蛇山南北贯通，使长街延伸到今司门口。清末，长街以今彭刘杨路为界又划分为北段的芝麻岭（街）和南段的兰陵街。1935 年长街扩建向两端延伸，并拆除鼓楼和鼓楼洞，上建钢筋混凝土结构的过山桥，1936 年建成通衢大道，名为中正路，1949 年后更名为解放路。

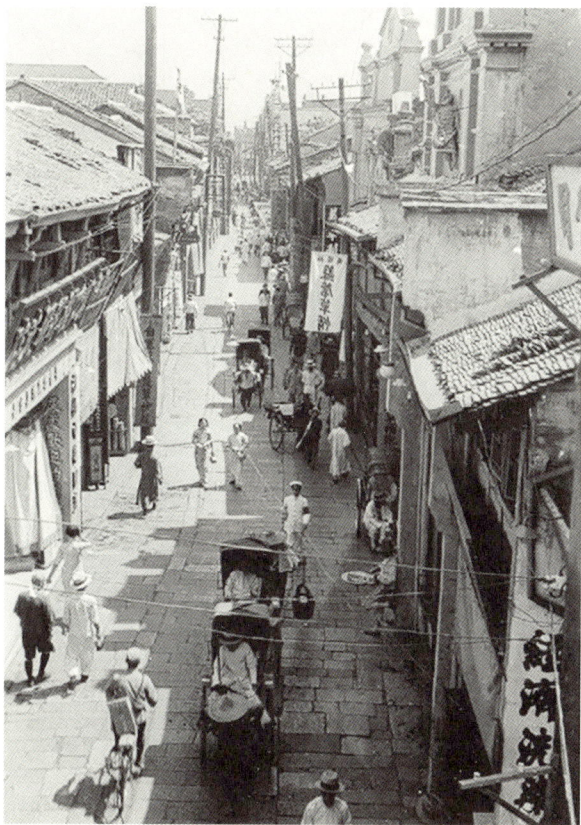

▲ 图 10-2 武昌长街未扩建前的景象，青条石路面，仅有 4 至 5 米宽，较为狭窄

▶ 图 10-3 1936 年由武昌长街扩建而成的中正路（今解放路），沥青路面，宽阔平整，成为纵贯武昌城南北的交通干道

今民主路

长街或中正路

今解放路

轮渡码头

第五演街

图 10-4 长街（后扩建为中正路，今解放路）（以1930年《新武昌市实测详图》为底图）

2. 汉阳门正街—察院坡—抚院街—龙神庙街

位于武昌古城蛇山北麓，西起汉阳门江边，东接今中南路北段，全长4122米，是武昌城北麓东西走向交通要道。清末民初，汉阳门江边至司门口一段，名为汉阳门正街；司门口至横街头一段，名为察院坡；横街头至胭脂路，名为抚院街；胭脂路口往东名为龙神庙街。清末察院坡一带，新旧书业在此扎堆兴店，形成武汉三镇最早的文化街。1935年，湖北省政府将这四条街道串通扩建，以清末湖北巡抚胡林翼之名命名。1949年后更名为民主路。

图 10-5 胡林翼路（今民主路）（以1930年《新武昌市实测详图》为底图）

◀ 图 10-6 20 世纪 30 年代武昌汉阳门正街（汉阳门江边到司门口一段）上人力车排成长队，准备接送汉阳门码头的客人

▼ 图 10-7 民国年间，为了满足城市日益增长的车行及人行交通的需要，武昌对旧城街道空间进行改造，对原来狭窄的街道拓宽扩建，并增设人行道和排水沟，建成中正路、胡林翼路等高水准城市新街道。图为 1935 年扩建后的武昌胡林翼路（今民主路），是武昌修建的第一条现代柏油马路

3. 粮道街—巡道岭

粮道街位于武昌古城北部花园山与胭脂山之间，东西走向，东起中山路，西至中华路、青龙巷、得胜桥相交处，全长 1400 多米。清代在此设粮道署衙（今文华中学），故此得名。原东段胭脂路至中山路段称巡道岭。1949 年后两段合并，统称粮道街。

此街历史悠久，学府集中，清代有江汉书院。今东段武汉中学，原为 1920 年董必武创办的私立武汉中学，是武汉市早期共产主义组织活动的重要场所。西段文华中学，原为私立中华大学，是中国近代第一所私立大学。原巡道岭九号同兴楼，辛亥革命前曾是革命团体共进会的秘密联络点。

▼ 图 10-8 民国年间，位于武昌粮道街的中华大学全景

4. 熊廷弼路

起点位于蛇山南麓（今武汉长江大桥引桥末端），沿蛇山、洪山东行，至街道口与今珞狮路相交处为止，东西走向，全长 4900 米。晚清时，武昌古城内蛇山南麓阅马场通宾阳门（大东门）的道路，1935年被改造为熊廷弼路。1933年，宾阳门外正街、傅家坡、洪山街及街道口一部分被扩建为武珞路。1972年，两段合称武珞路。

▼ 图 10-9 20世纪60年代扩建后的武昌武珞路阅马场段，路面宽阔，整洁美观

5. 武胜门外正街

　　积玉桥原为武胜门城外护城壕上的一座石桥,此桥于光绪十三年(1887年)重建为石拱桥,桥下内空丈余,可行舟。相传附近居民在此桥孔处捕鱼,所获以鲫鱼居多,故称"鲫鱼桥"。清末以此桥乃铜元局运送铜料的必经之地,取"鲫鱼"之谐音和堆金积玉之义,改名积玉桥。石桥周边之地,亦以桥为名。清末,武胜门外正街长1560米,1911年后因积玉桥而改称积玉桥街。1954年将积玉桥街、中新河街、后马路街连通并北延至青山,始称和平大道,成为武昌城区连接青山的重要通道。

▼ 图10-10 1909年—1915年间武昌武胜门外积玉桥一带,右边沙湖中停泊着几艘小船,湖岸上是武胜门外正街(后称积玉桥街)两边密集的房屋。远处长江在望

6. 汉阳门外河街

原城外道路南起于黄鹄矶，北至今中华路。1927 年后动议拆除古城墙，规划延伸至新河湾。

◀ 图 10-11 明代以来，武昌汉阳门外形成繁忙的码头和街道，但汉阳门城墙的存在，占用了地理空间，使临江街道拥挤不堪

◀ 图 10-12 清末，武昌汉阳门外河街近景。人力车夫正排队候客

▲ 图 10-13 1926 年 10 月，国民革命军北伐攻克武昌后，着手拆除武昌城垣。汉阳门城楼及临江城墙最先被拆除，并以石料砌筑改造汉阳门码头和上下堤岸，原先逼仄的河街经过拓宽修筑，成为宽阔的临江大道

7. 蛇山桥

蛇山桥旧址位于今武昌解放路司门口长江大桥引桥处。过去武昌城内蛇山居中横亘，贯穿东西，把武昌城分为山南山北，给人们通行带来诸多不便。为打通武昌城南北交通，明末在司门口开凿"鼓楼洞"。1935 年武昌长街进行扩宽工程，横跨长街的南楼（俗称鼓楼）及贯通蛇山南北的鼓楼洞被拆除，在原处修建南楼洞跨线桥（又名蛇山桥）连接两边蛇山，供行人通行。1936 年建成，桥跨 20 米，装设雕花栏杆，是武汉最早的钢筋混凝土过街人行拱桥，成为当时蛇山一景。1955 年修建武汉长江大桥时被拆除，在原址建成司门口铁路桥和公路跨线桥。

◀ 图 10-14 民国年间的蛇山桥，造型美观。中正路（今解放路）穿桥而过，宽敞平整

▶ 图 10-15 20 世纪 30 年代末蛇山桥远景，桥面横跨蛇山，连为一体

8. 武昌洞

武昌洞位于蛇山中部，是连接蛇山南麓与北麓的重要通道。1904 年，由总兵张彪负责派护军 3000 人开凿隧道，打通蛇山。1913 年，洞内加以整修，用旧城砖衬砌洞拱，于次年 5 月 12 日建立蛇山洞告成碑。洞口上方嵌石匾，上刻黎元洪题写的"武昌路"三个大字。因原有明末在司门口开凿的"鼓楼洞"，故往来行人多称此洞为"新鼓楼洞"。司门口的"鼓楼洞"经扩建改洞为蛇山桥后，新鼓楼洞即成为穿越蛇山的唯一隧道。又因此洞在"武昌路"路段的蛇山中部，故又称"武昌洞"或"蛇山洞"。

▲ 图 10-16 民国年间的武昌路（武昌洞）

二、传统教育文化机构

武昌古城向为文化昌盛之地，宋代设儒学，明清作为湖广会城，汇聚了府学、县学、贡院、文庙、书院等文化机构。明清两代，武汉共建书院 21 所，其中 12 所在武昌，文人学士荟萃。武昌贡院为两湖地区生员乡试科考之地，主管湖北教育与科举考试的提督学政衙门也设于此。官学、私学及书院的兴盛促进了文化教育的勃兴，加上政治地位日隆，成就了明清以降武昌地区文风蔚然，人才辈出。

1. 贡院

贡院是举行科举考试的场所。武昌贡院相传始建于明洪武年间，初建时规模甚小，至清代康熙年间加以扩充后自成一区，坐落于武昌城北凤凰山南麓，西侧毗邻江夏县文庙，为明清湖北、湖南每三年一次的乡试场所。每次应试者达数千人，中进士者不少，其中佼佼者莫过于明万历年间的"江夏七贤士"——熊廷弼、贺逢胜、郭正域、吴裕中、董遹、任家相、艾斐。

贡院坐北朝南，布局谨严规整，数百间考棚联排而立，既是乡试考场，又是考生寓所。每间再内分十室，每室一人。考生饮食起居、答题写作均限于棚内，不得越雷池一步。

清咸丰八年（1858 年）武昌贡院重修牌楼，曾国藩题字"惟楚有材"。1905 年科举制停废后，贡院也遭闲置。1912 年，湖北省公立法政专门学校在此开办。武昌实验中学现设于贡院旧址，延续着昔日文教圣地的文脉。

▶ 图 10-18 1906 年武昌贡院内景，考棚林立。参加乡试的考生饮食起居、答题写作均限于棚内，不得越雷池一步

▲ 图 10-17 1905 年武昌贡院仪门，上挂"天开文运"匾额

2. 文庙

武昌为湖广会城，是湖广总督驻节之地，府学、县学均设于此。为了举行科举考试和举办尊孔活动，武昌建有贡院和文庙。文庙，亦称圣庙、文圣庙、孔圣庙，原为尊孔活动圣地。因文庙内设儒学，故又有学宫之称。府文庙称府学、府学宫，县文庙称县学、县学宫。由于武昌是府和县两级政府所在地，所以武昌城内有两座文庙：一是武昌府的文庙，在玉带街（今大成路武汉市第十中学内）；一是江夏县的文庙，在菊湾东街簧巷（今红巷）。两处文庙今已无存。

▼ 图 10-19 20 世纪第二个十年位于蛇山南麓的武昌府文庙大成殿

▶ 图 10-20 20 世纪第二个十年的武昌府文庙西辕门

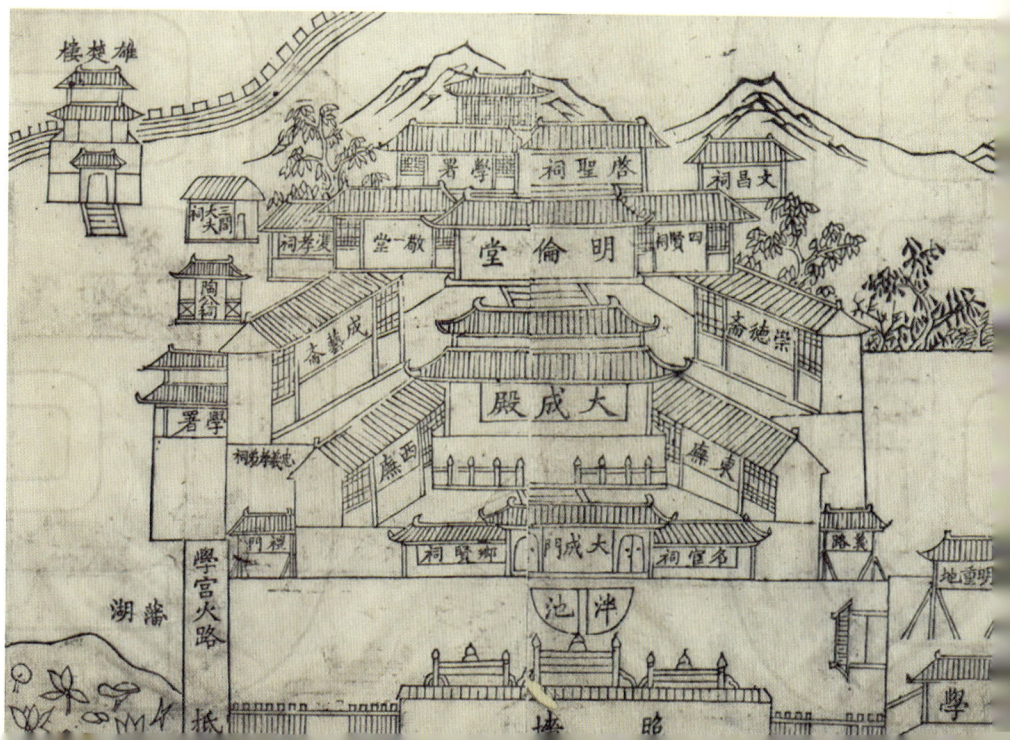

▶ 图 10-21 清乾隆《江夏县志》中的江夏县学宫图

3. 经心书院

经心书院旧址位于三道街（横街头），现仅存一栋朱红立柱的学宫式建筑。

经心书院始建于清同治八年（1869 年），由时任湖北学政的张之洞创办。书院主讲经史古学，包括经解、史论、诗赋、杂著等。1897 年书院改制后，增设天文、外政、格致、制造四科。1903 年，湖广总督张之洞废除书院，改办学堂，学生择优进入两湖书院继续求学。

经心书院学风良好，"所出人才，蔚然称盛"，李廉方、张继煦、胡石庵、李书城等人都曾是经心书院的学生。经心书院停办后，存古学堂、国立武昌商业专门学校、湖北省立师范学校等在书院旧址上相继开办，将武昌兴学重教的文化风习一脉相传。

◀ 图 10-22 20 世纪 20 年代的原经心书院校舍

4. 江汉书院与勺庭书院

江汉书院始设于明万历年间，由督学葛寅亮主持创办，为其讲学处，以江、汉二水为楚地之望而定名。江汉书院之来学者乃"十郡之士"，清初理学名臣熊赐履即为书院培养的高士。在晚清武昌众多书院中，江汉书院与两湖书院、经心书院并称湖北三大书院。

在近代西学东渐之中，1897 年湖广总督张之洞对江汉书院进行改制，引入天文、地理、算学、兵法等科目。1902 年江汉书院与经心书院合并，更名为勤成学堂，结束江汉书院长达数百年的历史。

勺庭书院位于武昌忠孝门内胭脂山朱家巷，建于清康熙五十三年（1714 年），原是湖广督学薄有德的藏书所。嘉庆十八年（1813 年）维修。1903 年改为武昌府中学堂，民国期间改为勺庭中学。1949 年后更名为湖北省立初级中学。

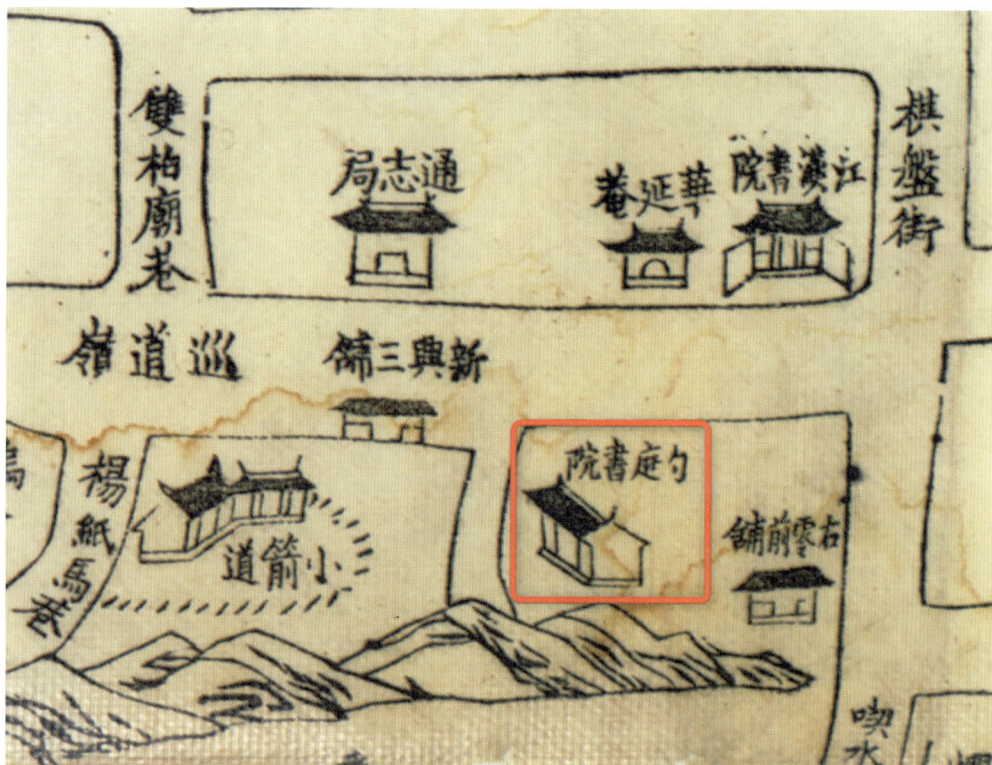

◀ 图 10-23 1883 年《湖北省城内外街道总图》上的江汉书院与勺庭书院

5. 高观书院

光绪十年（1884年），由湖北巡抚彭祖贤拨款二千金，助邑人曾继志、夏建寅等修建，设在江夏县宾阳门内高观山（今蛇山中段）。光绪三十二年（1906年），江夏县将高观书院改设官立高等小学堂，设班次2个，学生99名，教职员11人。学制3年。教授科目有修身、读经讲经、中国文学、算术、中国历史、地理、格致、图画、体操等课，每周36节。

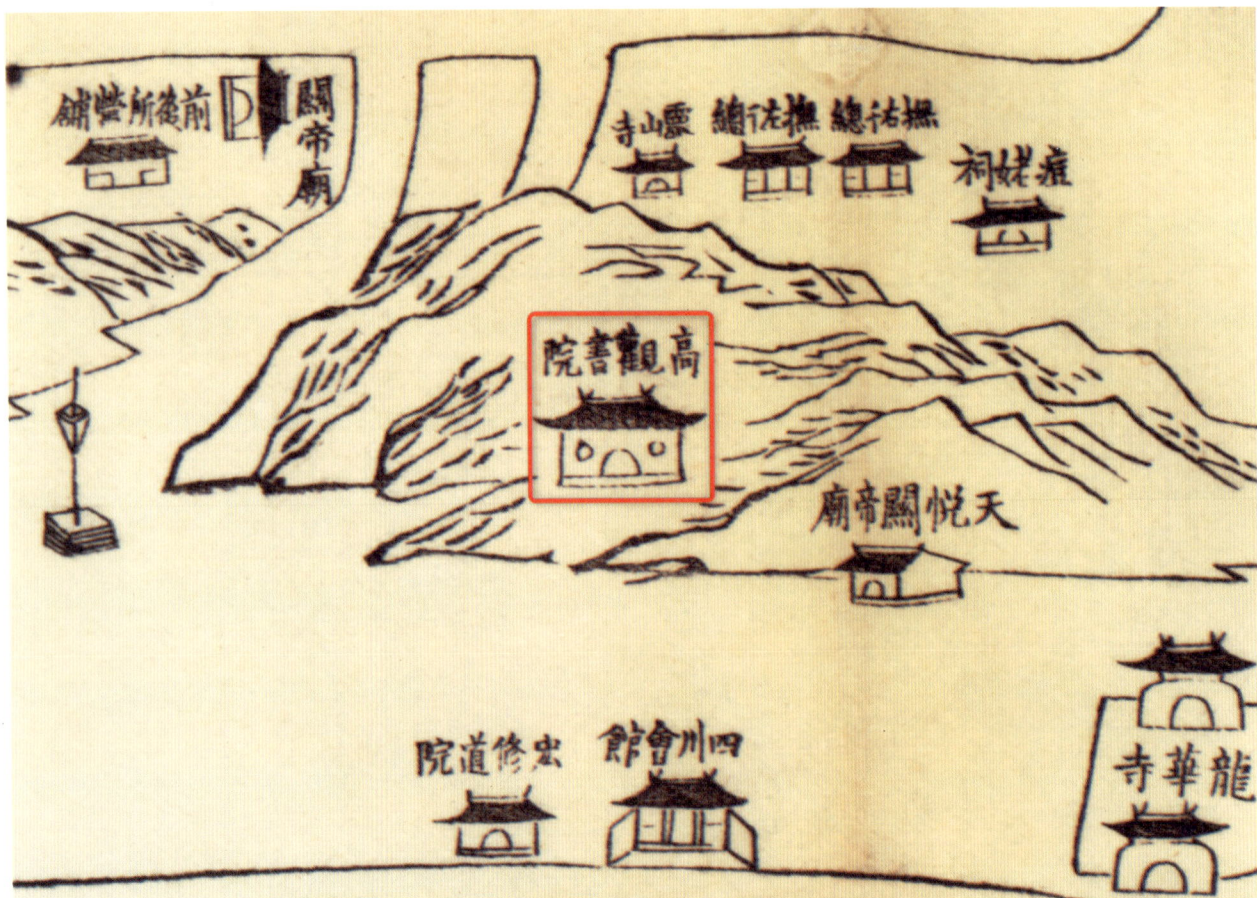

▲ 图 10-24 1883 年《湖北省城内外街道总图》上的高观书院

6. 两湖书院

1890 年由湖广总督张之洞创办，湖南、湖北两省茶商捐资助学，又专取两省儒生士子入学，故名"两湖书院"。课程初为经学、史学、理学、文学四种，后仿照西学模式，增设天文、格致、兵操、化学、博物等新学科，体现中西文武兼学的特色。

1901 年，清政府开始实施"新政"，其中包括学制改革。1902 年，张之洞在全省学制建设的通盘考虑下，将两湖书院更名为"两湖大学堂"，旋又改为"两湖高等学堂"。1904 年改办两湖师范学堂（后称两湖总师范学堂）。

书院位于武昌都司湖畔（今武汉音乐学院、武昌实验小学一带），"雅擅一城之胜"，规模宏大，声誉卓著，与广东广雅书院并称清末两大书院。从这里走出的人才蔚为可观，如唐才常、黄兴、章士钊、张知本、王葆心、李四光等。

▲ 图 10-25 两湖书院大讲堂旧影

▲ 图 10-26 20 世纪 30 年代原两湖书院校舍，中间重檐歇山顶建筑为大讲堂

三、会馆善堂

武昌古城居华中腹地，得长江、汉水之利，历来就是水运发达的商业港埠。元明时期从湖广行省治所到湖广会城，武昌古城成为两湖地区政治、文化中心。加之全国经济重心南移，武昌的城市功能更趋全面，逐渐成为区域性政治、经济与文化中心。市场繁荣，百货纷呈，众多本省及外省商贾群集于此，商业行帮、会馆组织如雨后春笋般涌现。至1949年，武昌城区内同乡会馆有房屋168栋。除省内周边州县设有同乡会馆158处之外，湖南、安徽、山东、河南、江西、两广、云贵、江苏、浙江、四川亦皆开有会馆。外省十大会馆建筑气势恢宏，典雅壮丽，成为武昌城建筑一景。

1. 两广会馆

民国年间，两广会馆位于武昌黄龙寺12号，是广东、广西两省旅鄂同乡的聚会场所。

2. 湖南会馆

位于武昌蛇山南麓西山坡，由清代湖南旅鄂商人捐资建造，是在汉湖南同乡的聚会议事之所。该馆"地处湖北省会蛇山之阳，先贤曾、左、彭、胡各建有专祠，地势雄阔，规模宏远。彭雪琴有梅花十诗之石刻，李瀚章有丞相祠堂之匾赠，东西辕门，横渤湖、山、风、月、河、岳、日、星八大石刻，与夫御碑亭、凌霄阁、石像石碑，典丽矞皇"，堪称晚清会馆建筑风格的代表。晚清进士、长沙人李篁仙为该馆题有一联："将相功名，开湘楚数千年未有之局；衣冠人物，泛洞庭八百里交汇而来。"字句铿锵，气势不凡。

3. 先贤宫

坐落在武昌蛇山南今先贤街处。清嘉庆年间建造，原名"鲁班先师之庙"，又名"先贤宫"。历经一个半世纪，1949年尚存主楼房屋。但因年久失修，房屋状况已濒危险，1954年全部拆除。

4. 安徽会馆

位于武昌紫阳湖西岸、小朝街南端（今武汉市第九中学），为近代寓居武昌的安徽人聚会场所。安徽会馆挂有一联："杯酒话前尘，万里涛声天际涌；登临怀故国，八公山色望中来。"辛亥武昌首义前夕，位于会馆附近的文学社机关设有起义军事总指挥部，原定在此下达1911年10月9日晚12时起义的命令。当晚10时许，清军突然包围小朝街85号指挥机关，除蒋翊武走脱外，彭楚藩、刘复基在此被捕，并于次日晨牺牲，此事成为武昌首义爆发的导火索。岁月沧桑，小朝街85号文学社机关遗址已不复存在，唯有安徽会馆门前的一对石狮子，仍矗立在武汉市第九中学校门前，仿佛还在述说着那段血与火的历史。

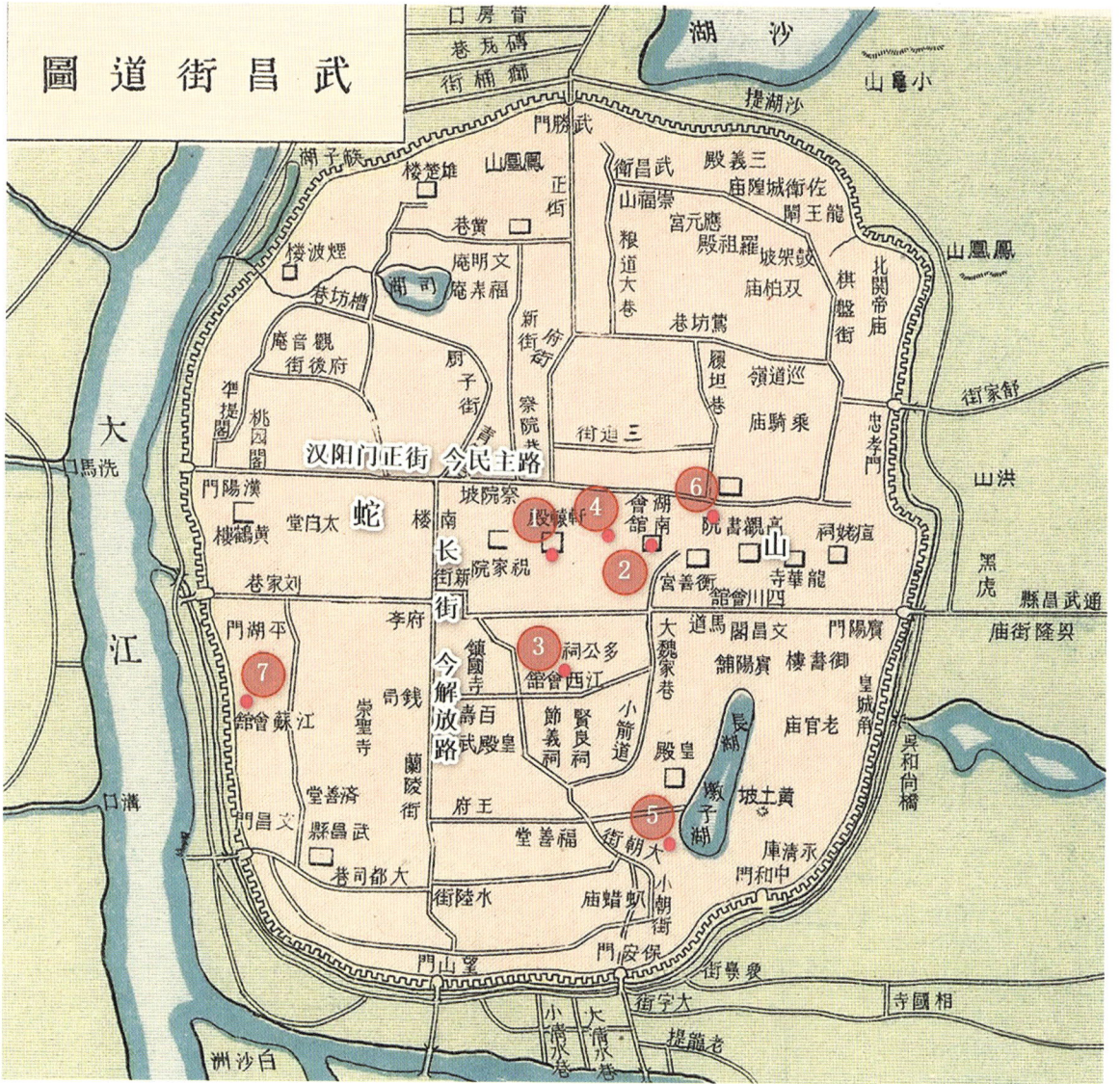

▲ 图 10-27 武昌的各地会馆位置图（以 1917 年《武昌街道图》为底图）
1. 两广会馆；2. 湖南会馆；3. 江西会馆；4. 先贤宫；5. 安徽会馆；6. 衡善堂；7. 江苏会馆

5. 江苏会馆

据《湖北省城内外街道总图》（1883 年）和《湖北省城内外详图》
（1909 年），武昌城文昌门内有江苏会馆。内情不详。

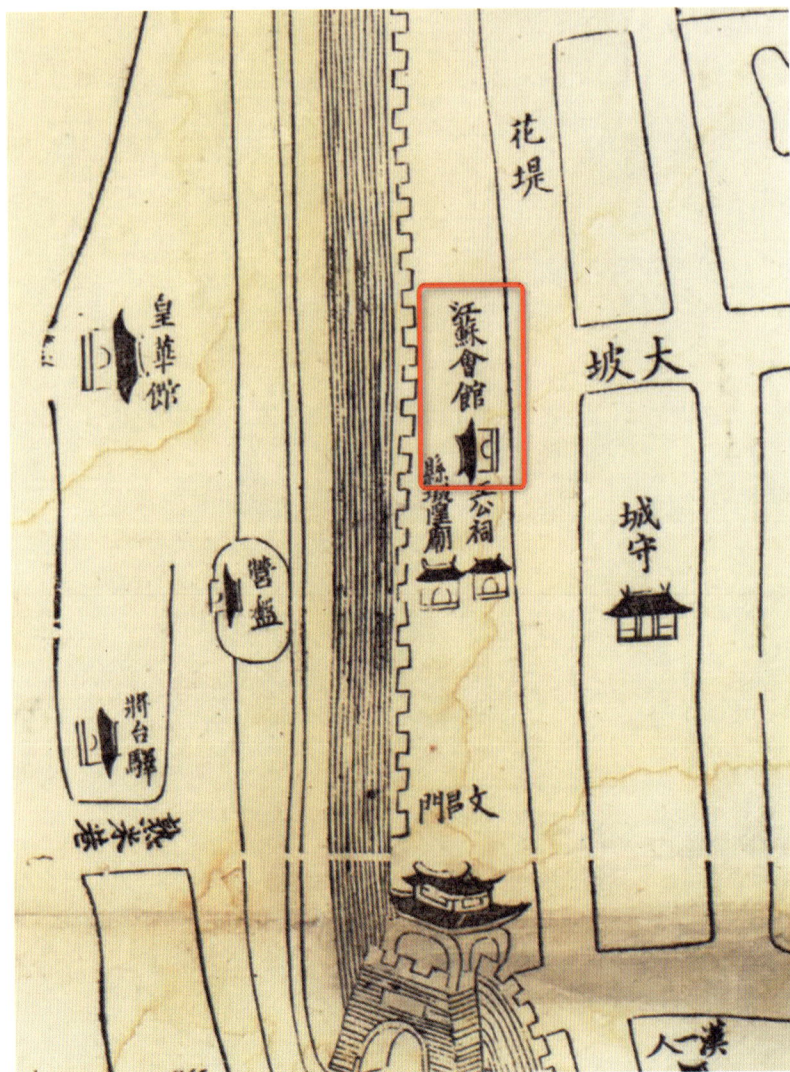

◀ 图 10-28 1883 年
《湖北省城内外街道总
图》上的江苏会馆

6. 衡善堂

善堂是由民间商绅出资或募捐建立的慈善公益机构。清同治《江夏县志》记载，"衡善堂建府院街"，即今民主路 400 号。这是武昌古城唯一保存的善堂遗址。衡善堂主要工作是救助和教化，包括救济鳏寡孤独等弱势群体，同时参与修建堤防、水上救援及扑灭火灾等慈善事业。衡善堂开办有药房、学堂、寿木店等诸多产业，以及停靠救生红船的衡善堂码头。1949 年后，衡善堂成为武昌区教育局职工宿舍。1955 年修建武汉长江大桥时，衡善堂部分建筑被拆除，仅留下一座附属设施衡善祠，以及两块记录衡善堂水上救生活动的残碑。

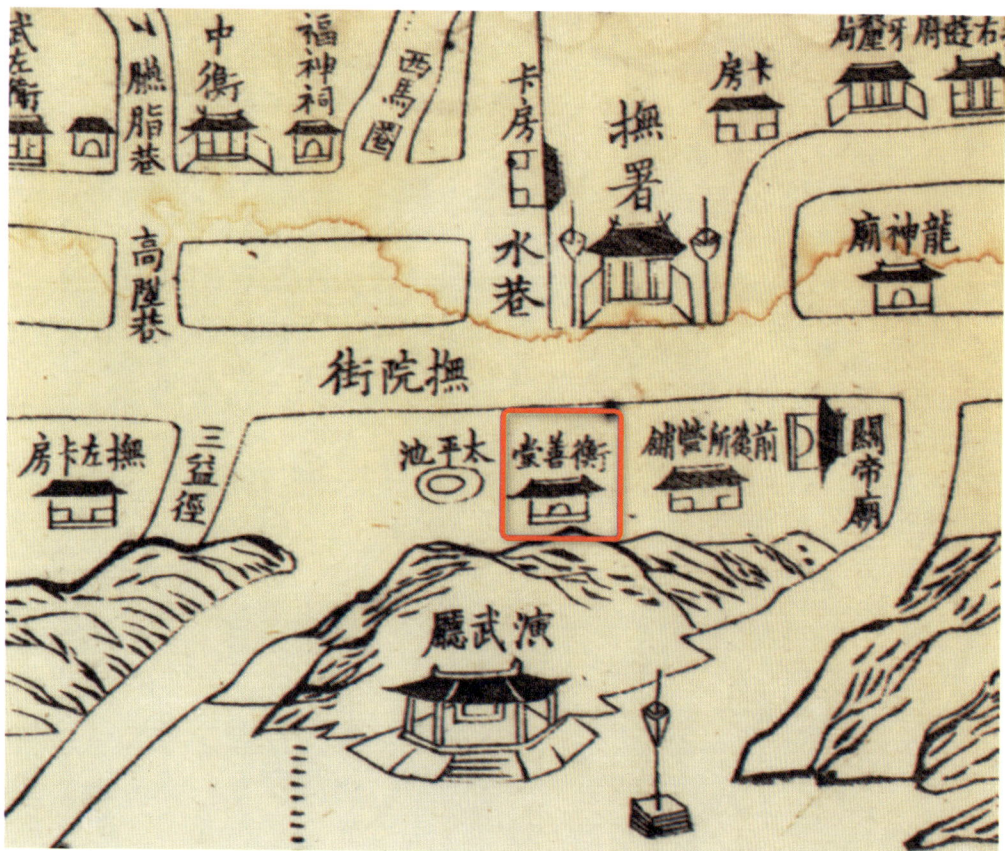

▶ 图 10-29 1883 年《湖北省城内外街道总图》上的衡善堂

图 10-30 现今仅存的衡善祠

7. 陈氏义庄

1833 年由曾署理两江总督的江夏人陈銮创办，位于蛇山南麓今中南财经政法大学院首义校区内。民国《湖北通志·经政志》记载："陈氏义庄在宾阳门（今东大门）内，邑绅陈銮建。先后置田一千八百亩，凡族内大口日给钱三十文，小口日给钱十五文，老口及鳏寡日给钱四十五文。婚丧等事另给钱二十千文。道光十六年御书'义庄'二字，字方二尺，建亭勒石。"陈銮持身俭朴而笃义好施，在江夏置义田义庄，只为救济族间孤贫。陈氏义庄占地数十亩，庄内还设有御碑亭、节妇堂、私塾、住宅、粮仓、花园、祠堂、池塘、碑林等数十栋建筑，蔚为可观。受战争动乱影响，今义庄已无迹可寻，仅留下义庄前、后街之名。

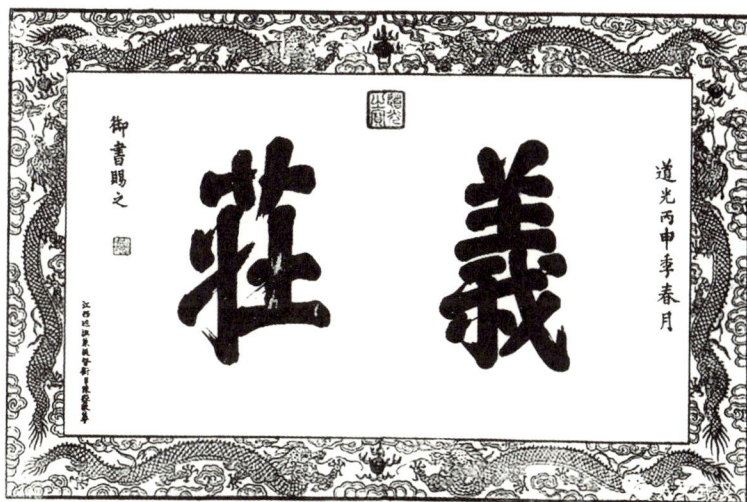

▲ 图 10-31 1836 年清道光皇帝所赐御书"义庄"匾额

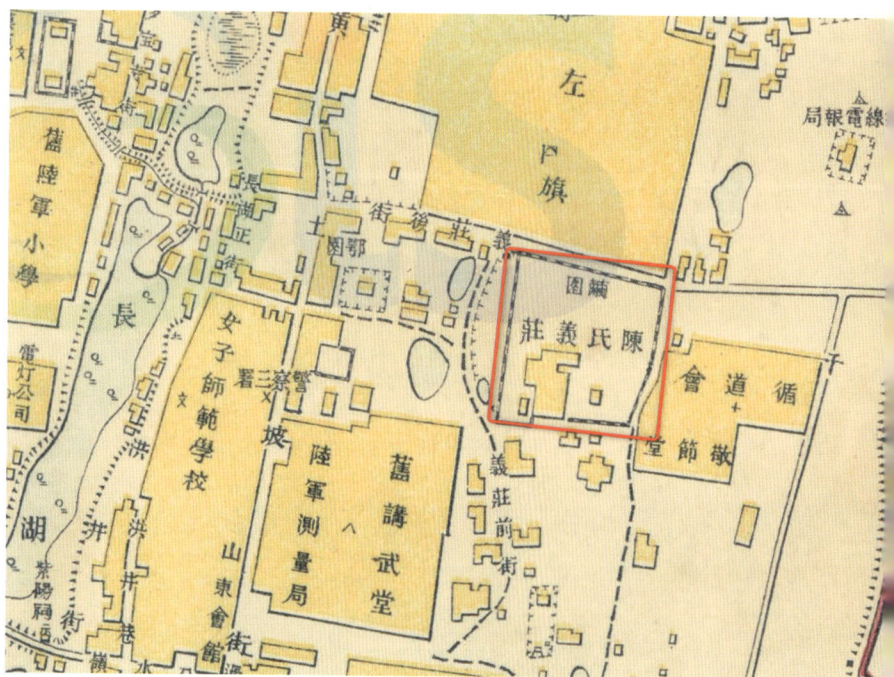

▲ 图 10-32 1922 年《武汉三镇街市图》上的陈氏义庄

四、祠堂

祠堂是族人祭祀祖先或先贤的场所，也是宗亲们商议族内重要事务或修家谱、各房子孙办理婚丧寿喜等事务的公共活动场所。祠堂，有宗祠、支祠和家祠之分。作为湖广会城的武昌，历来是名门望族聚居之地，不同血缘姓氏的宗族在此繁衍生息，维系宗族传承的宗祠随之蔚然兴起，并记载于谱册，让宗族文化绵延不息。

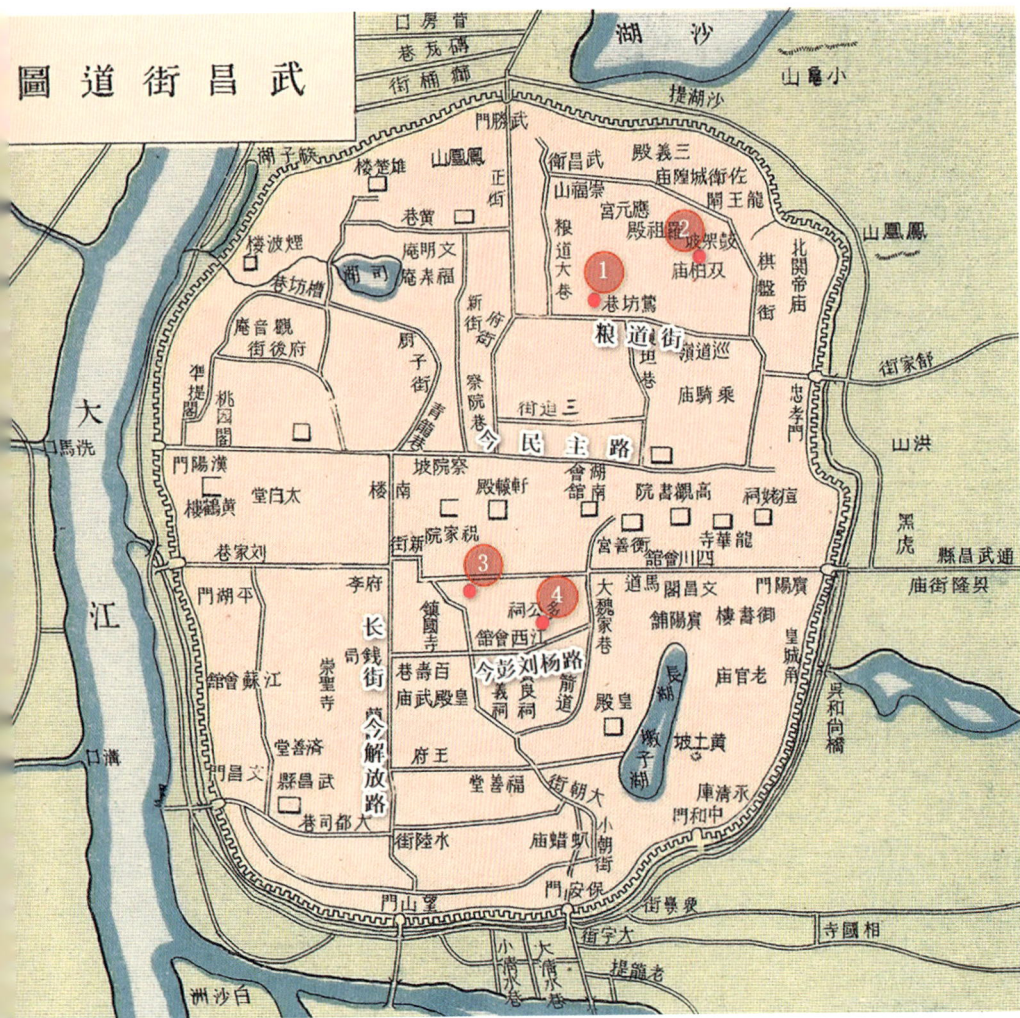

◀图 10-33 武昌的宗祠（以 1917 年《武昌街道图》为底图）
1. 胡氏宗祠；2. 湖北万氏总祠；3. 方氏总祠堂；4. 多公祠

1. 多公祠

清朝贵族豫亲王爱新觉罗·多铎的纪念祠堂。民国成立后，被纳入美国基督教圣公会同仁医院（今武汉市第三医院）。1920年10月至1921年冬，武汉共产党早期组织曾租用多公祠5号为党的机关，在此秘密开展革命活动。

▲ 图 10-34 20 世纪第二个十年的武昌多公祠（近处院落）

2. 胡氏宗祠

曾位于武昌粮道街里仁巷。湖北江夏、黄冈、黄陂《胡氏族谱》由曾任礼部侍郎的胡瑞澜督修，胡瑞治续理督修，胡孚琯纂修，清光绪十三年（1887 年）刊刻。《胡氏族谱》卷四《省城祠堂记》中写道："吾族自江右迁居江夏沙洑口，五百年于兹矣。先大父尝议建宗祠，会岁洊饥不果。澜赖先人遗泽，食禄于朝，追念先大父遗言，爰割廉俸，为族人倡。以里居卑下，恒苦水灾，于同治十二年（1873 年）三月卜筑于武昌省垣之里仁巷。工既竣，当捐置祭产为岁时祭祀及修葺之资，以垂久远。"

3. 湖北万氏总祠

位于武昌双柏庙。曾任民国湖北省政府主席的万耀煌在《七十年前的武昌》中记述："由候补街东行为双柏庙，我万姓总祠在此，自明朝至今，内部残破不堪，大门楼上，悬有'世进士'匾额一方，是几百年的老古董，最后一排正厅尚整齐，有祖先神位，族人每年聚会祭奠一番。"

4. 方氏总祠堂

位于武昌扎珠街。1924 年，方本仁将军倡修湖北《方氏联宗统谱》，谱局设在武昌城扎珠街，对外称"方氏公所"，族内称"方氏总祠堂"。前后两个大厅，前厅接待外姓要员登门祝贺，为客厅；后厅为接待湖北各支送谱及编辑统谱之用，俗称"谱堂"。

五、佛教寺庙

武昌宗教历史悠久，最久远的寺庙为公元 5 世纪刘宋郢州刺史蔡兴宗所建的武昌头陀寺（观音阁）和梁邵陵王萧纶所建的武昌报恩禅寺（铁佛寺）。明清时期，武昌的宝通禅寺、莲溪禅寺与汉阳归元禅寺、汉口古德禅寺并称为武汉佛教"四大丛林"。

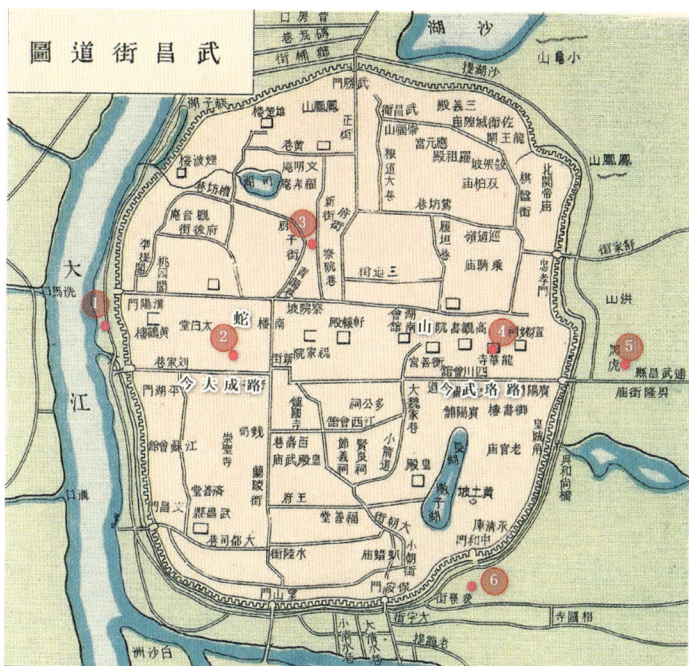

◀ 图 10-35 武昌城内及其附近寺观位置图（以 1917 年《武昌街道图》为底图）

1. 观音寺；2. 武当宫；3. 青龙巷清真寺；4. 龙华寺；5. 长春观；6. 起义街清真寺

▼ 图 10-36 武昌城外的寺观位置

（以 1900 年前《宾阳门外至卓刀泉一带地图》为底图）

1. 东岳庙；2. 宝通禅寺；3. 洪山宝塔；4. 无影塔；5. 卓刀泉寺；6. 莲溪寺

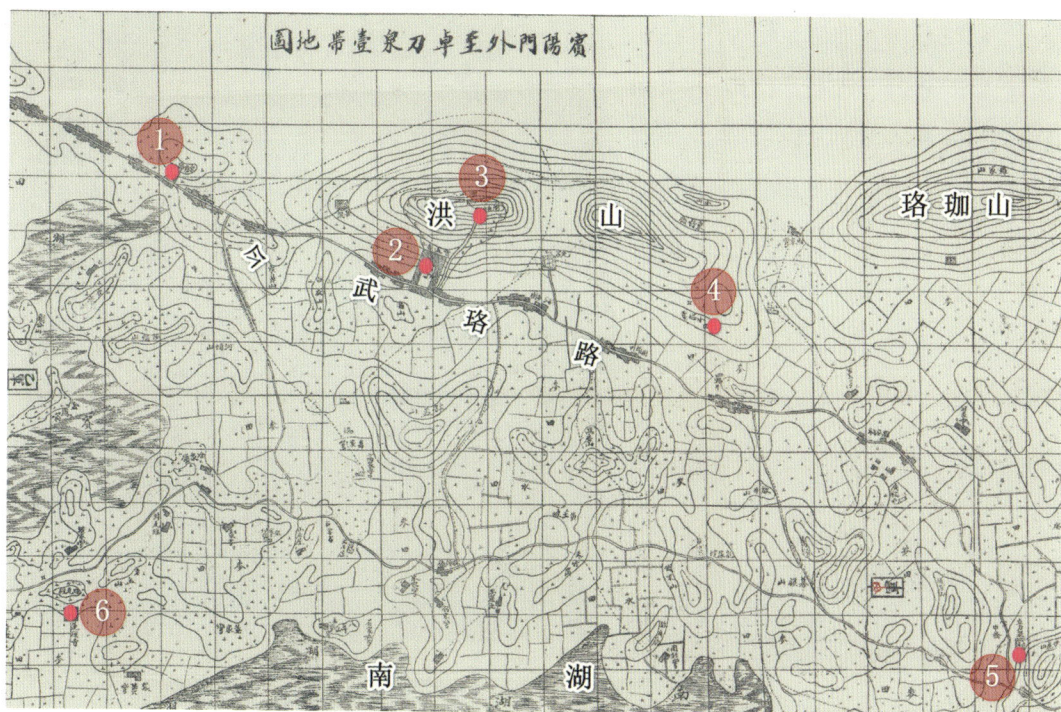

1. 龙华寺

位于武昌蛇山东麓武珞路95号。始建于明成化二年（1466年），依山而建，建筑宏伟壮观。晚清名著《官场现形记》第38回写道："这龙华寺坐落在宾阳门内，乃是个极大丛林，听说亦有千几百年的香火了。"后因战火被毁。清光绪年间重修，规模略逊。1984年只剩下天王殿，其他建筑被毁。寺庙文物兔儿石、猫儿石也不知去向，所幸两通明代记事碑仍保存在寺内，成为镇寺之宝。其中一块碑镌刻着《重修龙华寺殿廊记》。至21世纪初，作为尼姑庙的龙华寺重建，恢复当年原貌，不少女信众在此潜心修行。

▲ 图10-37 明代《重修龙华寺殿廊记》碑刻

2. 莲溪寺

　　位于武昌大东门外丁字桥涂家岭，乃武汉四大佛教丛林之一。始建于唐代，清康熙年间迁现址重建，后屡毁屡建，现存古建筑为光绪十五年（1889年）重修。寺庙坐北朝南，结构严谨，布局得当，殿宇高耸，古朴典雅。藏经阁藏有清廷御赐《大藏经》。1920年，武汉佛教界的太虚法师等创办"武昌佛学院"，莲溪寺为佛学院重要教学场所。1928年，莲溪寺方丈体空法师在寺内兴办"中华佛教湖北华严大学"，为佛门培养了30多名高水准弟子，成为当时全国著名的佛教学府。如今莲溪寺仍以华严道场著称，也是武汉最大的比丘尼修行寺院之一。

▲ 图 10-38 民国年间的莲溪寺山门

3. 宝通禅寺

位于武昌古城外洪山南麓（武珞路 549 号），武汉佛教四大丛林之一。

始建于南朝刘宋年间，初名"东山寺"。唐太宗贞观四年（630 年），鄂国公尉迟恭扩建寺庙，更名"弥陀寺"。宋理宗嘉熙三年（1239 年），改名"崇宁万寿禅寺"。明成化二十一年（1485 年），命名"宝通禅寺"。

现存古建筑多为清同治、光绪年间重建。建筑依山就势，斗拱飞檐，彩绘雕饰，庄严古朴。大雄宝殿内存有南宋年间铸造的大铁钟一口，形体庞大，声音雄浑，号称"万金钟"。天王殿前屹立明初一对石雕大狮子，为寺庙增添一丝威严气氛。寺内现存最著名建筑是洪山宝塔，登塔远眺，楚天风光尽收眼底。

▼ 图 10-39 19 世纪 80 年代武昌洪山宝通禅寺山门

► 图 10-40 清末宝通禅寺一景，和尚、道士、洋人构成一幅难得一见的画面（1905 年斯普鲁伊特摄）

◄ 图 10-41 洪山宝塔。原名灵济塔，始建于元代，为纪念开山祖师灵济慈忍大师所建。明成化二十一年（1485 年），塔随寺改名为宝通塔。因坐落洪山，俗称洪山宝塔。宝塔七层八面，砖石仿木结构，通高 44.1 米，自底层盘旋而上，可直达塔顶，素有"数峰天外洪山塔"之称

4. 无影塔

　　始建于南宋咸淳六年（1270年）。石砌仿木结构，重檐楼阁式，七层八面，高11.25米，是武汉现存最古老的建筑。原在洪山东麓的兴福寺故址内，称"兴福寺塔"。相传每年夏至中午时分，此塔无影，故又称"无影塔"。咸丰三年（1853年），太平军进占武昌，兴福寺遭毁，仅石塔幸存。1953年，中南民族学院兴建校舍，兴福寺遗址及石塔被围入校园内。1963年，因塔身已破裂倾斜，濒临倒塌，文物部门将其构件编号拆除，由建筑师张良皋主持迁至宝通禅寺西侧原样复建。

▲ 图10-42 清末坐落于洪山东麓的无影塔，与洪山宝塔遥遥相对（1905年斯普鲁伊特摄）

5. 卓刀泉寺

　　位于武昌古城外伏虎山西南麓（今卓刀泉南路 27 号）。始建于宋代。相传东汉末年，关羽曾屯兵于伏虎山，因缺少水源，关羽以刀凿地，竟然水涌成泉，故名卓刀泉。初名"御泉寺"。1916 年重修。卓刀泉寺除供奉佛祖和菩萨外，还供奉关帝圣君。寺内有著名"三宝"：一是华中地区最大的关公青铜神像；二是明代楚昭王朱桢所题"卓刀泉"三字；三是在一般寺院中难得一见的男身观音像。

◀ 图 10-43 清末武昌卓刀泉寺外景

▶ 图 10-44 清末，一群中国人与洋人在武昌卓刀泉寺，井台上是一口古井"卓刀泉"

6. 观音寺

位于武昌蛇山黄鹄矶上，初名头陀寺，始建于南朝刘宋大明五年（461 年），后屡毁屡建。据明代《寰宇通志》卷五十记载："观音阁在府城汉阳门外黄鹤矶上，内有铜观音一，故名。"明代何镗的《古今游名山记》中写道："观音阁当其前，阁畔黄鹄矶、吕公洞。"清《湖广通志》说："头陀寺在黄鹄矶，即今观音阁，一名竹林寺。"至清代，观音阁改称观音寺。明清时期农历二月十九观音诞辰日，前往寺庙祭拜祈愿的善男信女络绎不绝。1955 年兴建武汉长江大桥时，观音寺被拆除。

▲ 图 10-45 1923 年武昌蛇山黄鹄矶上的观音寺，右图观音寺侧后可见警钟楼

六、道教宫观

1. 武当宫

原址在武昌平湖门以西，始建于北宋崇宁年间，原名玉清宫，明代易名武当宫。武汉道教四大丛林之一。清康熙十二年（1673年）重建于蛇山西南麓。光绪十二年（1886年）移建于学府宫西的武昌城隍庙旧址，背依蛇山。灵官殿、玉清殿、三皇殿错落有致，鼎盛时有百余道人居住。每逢农历三月初三道教真武大帝诞辰，钟鼓长鸣，香火缭绕。1931年后，香火趋于衰落。1949年后，道人全部离宫，道观无人居住和管理，殿宇、神像逐渐朽坏。1954年至1958年间，有关部门将其拆除。

▲ 图 10-46 民国年间武当宫

2. 长春观

位于武昌古城大东门外双峰山南麓，是为纪念道教全真道龙门派的祖师丘处机而建，并以其道号"长春子"而命名，是中国著名的道教十方丛林之一。

长春观始建于元代，现存古建筑多为同治三年（1864 年）重建。整体建筑坐北朝南，依山布设，层层递进，重檐舒翼，彩绘雕梁，富丽巍峨，规模宏大，别号"江南一大福地"。观内有闻名于世的"三绝"：全国仅存的一块"天文图"碑，带有藏族风格及欧式风格的建筑，清代乾隆皇帝御赐的"甘棠"石刻。

▼ 图 10-47 道教圣地长春观旧影。图左上最高处重檐歇山式建筑为三皇殿，殿内供奉着伏羲、神农和轩辕。

▲ 图 10-48 清末长春观一景

3. 东岳庙

原址在武昌古城外长春观与洪山宝通禅寺之间，为民间供奉东岳大帝的庙宇。因庙内有地狱酷刑场景，又称地狱庙。农历三月二十八日是东岳大帝诞辰，以东岳庙香火最盛，隆重上演重头好戏"天齐会"。民间自三月中旬起，便在东岳庙前搭建舞台，举办祭祀朝拜、酬神唱戏等活动。至东岳诞辰日，活动达到高潮。清中期叶调元的《汉口竹枝词》如此描写："岳神诞日进香来，人海人山挤不开。名是敬神终为戏，逢人啧啧赞徽台。"这一天，也是武昌独有的"甘蔗节"。民谣唱道："三月二十八，洪山敬菩萨。钱多吃甘蔗，钱少吃麻花。"

东岳庙今已无存。

▲ 图 10-49 清末武昌东岳庙山门。正门及左右侧门上方分别悬挂"东岳天齐行宫""福与天齐""功高无量"匾额。庙前人物众多，或抬轿，或肩挑，或聚谈，或站或坐，神态各异

▲ 图 10-50 清末武昌东岳庙内景。殿堂左右上方悬挂着"总要凭心""这里莫欺"匾额，劝导人们与人为善，心诚则灵

七、清真寺

1.青龙巷清真寺

位于楚材街上，清咸丰元年（1851年）兴建，因紧邻青龙巷，故名。由于武昌旧城蛇山以北地区在历史上仅有这一座清真寺，民间又称之为"山后清真寺"。由河北、河南、安徽、江苏、江西等省寓居武昌城内蛇山以北的回民捐资兴建。占地面积300多平方米，系单层三进庭院式砖木结构建筑，粉墙黛瓦，黑漆大门，诵经房、讲经堂、礼拜殿一应俱全。抗战时期，该寺遭日军破坏，直到解放后才得到恢复。后被改成武昌粮食机械厂。

2.起义街清真寺

位于今武昌起义街67号，因地处中和门外，又称城外清真寺。辛亥革命后，中和门改为起义门，遂改称起义门清真寺，今依所在地命名为起义街清真寺。该寺始建于清同治元年（1862年），由聚居在这一带的宰牛业、杂货业、清真餐饮业的回民集资兴建。建筑为古典宫殿式，砖木结构，占地约2300平方米。1938年被炸毁，1946年修复。由于战乱，清真寺规模逐渐缩小。1980年，政府拨款在院内修建一栋两层楼房，辟出70余平方米作大殿，为穆斯林礼拜的场所。

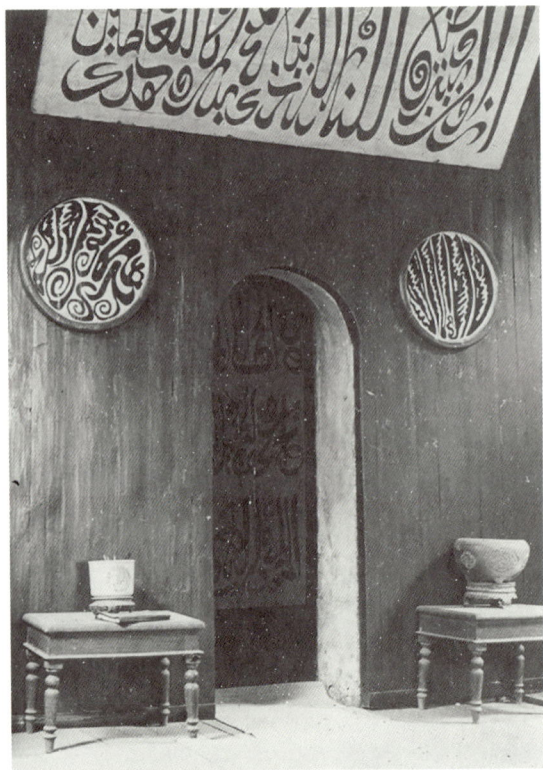

▲ 图 10-51 20 世纪初起义门清真寺祷告厅

◀ 图 10-52 20 世纪初起义门清真寺内景。这通石碑上刻"明太祖高皇帝御制回回教百字圣赞"，款识为"明洪武八年五月二十日"。此碑为起义门清真寺唯一的实物见证，至今尚存

第十一章

现代武昌　续写华章

图 11-1 1949 年 5 月 17 日，武昌解放，中国人民解放军第四野战军第 40 军第 153 师进入武昌城

图 11-2 1957 年 10 月 15 日，万里长江第一桥——武汉长江大桥通车

图 11-3 1985 年，大东门农副产品集贸市场经营户中的"大王""大户"

图 11-4　1985 年 6 月 10 日黄鹤楼重建落成，11 日正式对外接待游客

武昌区将以在湖北省"建设全国构建新发展格局先行区"、武汉市"奋力打造新时代英雄城市"的决策部署中发挥示范引领作用为目标,对标国际国内先进城区,统筹生产、生活、生态三大空间布局,一体推进产业发展与城市功能完善,不断优化"三区两翼"功能布局,努力打造超大城市中心城区高质量发展示范样板。

一、古城片区

武昌古城坚持整体保护、合理利用,探索"可观赏、可感知、可'悦读'"的文脉活化方式,打造"大黄鹤楼武昌古城历史风貌旅游区",集中展示千年古城风韵。

▶ 图 11-5 武昌古今映照

▲ 图 11-6 辛亥革命博物馆红楼

▲ 图 11-7 昙华林街区

二、滨江商务区

滨江商务区加快重大项目建设，推进滨江核心区地块出让，打造 500 强企业集聚的高端商务区标杆。

▼ 图 11-8 武汉绿地中心

▲ 图 11-9 滨江商务区（绿地缤纷城）

▲ 图 11-10　武汉数创大厦数字经济产业园

三、华中金融城区域

华中金融城加快金融主轴在建楼宇建设，持续培育特色产业楼宇，整体打造标识系统和形象景观，建设辐射武汉都市圈的金融资本服务中心。

▲ 图 11-11 阿里巴巴华中总部

▲ 图 11-12 中北路长城汇

◀ 图 11-13 中北路

▲ 图 11-14 洪山广场保利大厦

▼ 图 11-15 武珞路武商梦时代广场

四、"两翼"（杨园新城、白沙新城）

南北"两翼"按照"人、产、城"融合模式，加快建设杨园新城、白沙新城，有机布局产业、居住、交通、教育、医疗等功能设施，打造中国式现代化典范新城。

▲ 图 11-16 铁四院

▲ 图 11-17 杨园新城（四美塘）

▲ 图 11-18 白沙新城沿江区域

▲ 图 11-19 白沙洲大道沿线武金堤一带

▲ 图 11-20 长江六桥同框
由近及远：1.武汉杨泗港长江大桥；2.武汉鹦鹉洲长江大桥；
3.武汉长江大桥；4.武汉长江二桥；5.武汉二七长江大桥；
6.武汉天兴洲长江大桥

图书在版编目（CIP）数据

图说武昌城 / 武汉市武昌区档案馆（武昌区史志研究中心）编 . —武汉 ：湖北美术出版社，2023.12
ISBN 978-7-5712-2127-0

Ⅰ．①图… Ⅱ．①武… Ⅲ．①古城－武昌区－图集
Ⅳ．① K928.5-64

中国国家版本馆 CIP 数据核字（2023）第 226308 号

图 说 武 昌 城

TUSHUO WUCHANG CHENG

责任编辑：迟天一
责任校对：胡雅莉
技术编辑：李国新
书籍设计：左岸工作室

出版发行：长江出版传媒　湖北美术出版社
地　　址：武汉市洪山区雄楚大街 268 号出版城 B 座
电　　话：（027）87679547（编辑）　　87679525（发行）
邮政编码：430070
印　　制：武汉新鸿业印务有限公司
开　　本：889mm×1194mm　　 1/16
印　　张：17.25
版　　次：2023 年 12 月第 1 版
印　　次：2023 年 12 月第 1 次印刷
定　　价：280.00 元